Confesión de Fe

en una Perspectiva Menonita

Confesión de Fe

en una Perspectiva Menonita

Publicado por acuerdo entre la Junta General de la Iglesia Menonita de la Conferencia General y la Junta General de la Iglesia Menonita.

Continua autorizado por la Junta General de la Iglesia Menonita de Canadá y la Junta Ejecutiva de la Iglesia Menonita de Estados Unidos.

Mennonite Church

Herald Press
Scottdale, Pennsylvania
Waterloo, Ontario

Faith & Life Press
Newton, Kansas
Winnipeg, Manitoba

El papel usado en esta publicación es reciclable y reúne los requerimientos mínimos de la *American National Standard for Information Sciences—Permanence of Paper for Printed Library Materials, ANSI Z 39.48-1984*

A menos que se indique lo contrario, todas las citas y referencias *Escriturales provienen de la Biblia Reina Valera revisión de 1995* Publicada por las Sociedades Bíblicas Unidas, usada con permiso.

CONFESIÓN DE FE EN UNA PERSPECTIVA MENONITA
Copyright © 2000 by Herald Press, Scottdale, PA 15683
Derechos reservados de la versión en español 2000 by Herald Press, Scottdale, PA 15683
Translated by permission from the original English edition Confession of Faith in a Mennonite Perspective copyright © 1995 by Herald Press Scottdale, PA 15683
Printed in the United States of America
Diseñador del libro, James M. Butti
Diseñadores de la portada, Gwen Stamm and Glenn Fretz

06 05 04 03 02   8 7 6 5 4 3

Para pedir mas libros llame 1 800 245-7894
website: www.mph.org

Contenido

Introducción a la versión de la Confesión
  de Fe en español 7
Introducción 9

Artículos y Cometarios
Artículo 1   Dios 13
Artículo 2   Jesucristo 17
Artículo 3   El Espíritu Santo 21
Artículo 4   Las Escrituras 26
Artículo 5   Creación y Divina Providencia 30
Artículo 6   La Creación y el Llamado de los
              Seres Humanos 34
Artículo 7   El Pecado 38
Artículo 8   La Salvación 43
Artículo 9   La Iglesia de Jesucristo 48
Artículo 10   La Iglesia en Misión 52
Artículo 11   El Bautismo 57
Artículo 12   La Cena del Señor 61
Artículo 13   Lavamiento de Pies 65
Artículo 14   Disciplina en la Iglesia 68
Artículo 15   Ministerio y Liderazgo 72
Artículo 16   El Orden y la Unidad en la Iglesia 75
Artículo 17   Discipulado y Vida Cristiana 79
Artículo 18   Espiritualidad Cristiana 83
Artículo 19   Familia, Soltería y Matrimonio 87
Artículo 20   La Verdad y el Evitar Juramentos 90

Artículo 21 La Mayordomía Cristiana 92
Artículo 22 Paz, Justicia y No-resistencia 97
Artículo 23 La Relación de la Iglesia con el
             Gobierno y la Sociedad 101
Artículo 24 El Reino de Dios 105

Resumen de Declaraciones 109
Lectura Unísona A 116
Lectura Unísona B 118
Índice de citas Bíblicas 121
Acerca de los Menonitas 129

Comité Inter-Menonita para la elaboración de la Confesión de Fe

Participantes que prepararon y recomendaron esta Confesión de Fe a las Juntas Generales, Marlin E. Miller (co-moderador), S. David Garber, Beulah Hostetler, Samuel López, y Ann Weber-Becker en representación de la Iglesia Menonita; y Helmut Harder (co-moderador), Lois Barrett, Heinz Janzen, Jake Tilitzky, and Ted VanderEnde, en representación de la Conferencia General de la Iglesia Menonita.

Versión en español

Traducción: Zulma Prieto
Comité Editorial: Daniel Schipani, LaVerne Rutschman y Gilberto Flores

Introducción a la versión de la *Confesión de Fe* en español

Sabemos que la base fundamental para la comprensión y práctica de la vida cristiana proviene de un continuo y cuidadoso apego a la lectura y estudio de la Biblia y que nada puede tomar el lugar de las Sagradas Escrituras en lo que concierne a asuntos de fe y de conciencia. Este apego a la Biblia ha sido cierto en forma singular para los menonitas anabautistas desde sus mismos inicios. Por esa actitud frente a la Biblia como Palabra de Dios, fueron movidos a expresar por medio de breves confesiones de fe cuales eran teológica y doctrinalmente sus ideales cristianos y sus paradigmas éticos. Las confesiones de fe no han pretendido ser la última palabra sobre asuntos de fe. Han sido, más bien, expresiones de una fe viva que siempre está en búsqueda, y que por lo mismo provoca más preguntas que respuestas. Son la consecuencia del caminar dinámico de la iglesia en su deseo de acercarse cada día a los paradigmas y desafíos que el reino de Dios le plantea a una iglesia que está viva y que quiere continuar viva para dar testimonio, en medio de la realidad cambiante del mundo.

La Confesión de Fe en una Perspectiva Menonita que hoy presentamos traducida al español recoge, de muchas maneras, gran parte de ese peregrinaje teológico-eclesial anabautista-menonita que la iglesia ha experimentado desde su temprana historia y que, partiendo de las doctrinas que son fundamentales para todos los cristianos en general, nos invita a caminar los senderos de la Biblia para descubrir en la desafiante verdad de los textos aquellos énfasis que nos distinguen y que nos llaman a nuevos compromisos de fe. Lo anterior explica de alguna manera la validez del esfuerzo que tanto la Convención Menonita Hispana de la Iglesia Menonita como la Asociación de Iglesias Menonitas Hispanas de la Conferencia General han hecho al traducir esta confesión porque en un ambiente cristiano tan ecléctico y matizado como el de Norteamérica, se hace necesario tener un documento que nos ayude a definir nuestra identidad y a afirmar nuestro sentido de pertenencia.

Presentamos esta confesión de fe en español como una herramienta para que contribuya en la edificación espiritual de las congregaciones, como un instrumento que facilite el encuentro con la identidad anabautista menonita que nos corresponde y como una semilla que puede ser parte del proceso de nutrir para fortalecer la singularidad de nuestro testimonio en medio del mundo.

Introducción

Las declaraciones acerca de lo que los menonitas creen nos han llegado desde los comienzos del movimiento. Un grupo de anabautistas, antecesores de los menonitas, escribieron los "Artículos de Schleitheim" en 1527. Desde entonces, los grupos menonitas han escrito numerosas declaraciones de fe. Esta *Confesión de Fe en una Perspectiva Menonita* encuentra su lugar en esta rica historia confesional. Los credos históricos de la iglesia cristiana de los primeros tiempos, los cuales fueron fundamentales para las iglesias menonitas desde sus comienzos, son básicos también para esta confesión

Esta confesión es la obra de dos grupos menonitas en Norteamérica, la Iglesia Menonita y la Iglesia Menonita de la Conferencia General.

La Iglesia Menonita se organizó en Norteamérica en 1898 por varias conferencias regionales de trasfondo Suizo y del sur de Alemania y ha reconocido un número de confesiones: Los Artículos de Schleitheim (Suiza, 1527), la Confesión de Dorchrecht (Holanda, 1632), Los Fundamentos Cristianos (1921), y la Confesión de Fe

Menonita (1963). Mas tarde otras confesiones fueron adoptadas pero aún se reconocen documentos anteriores.

La Conferencia General de la Iglesia Menonita se organizó cuando algunos grupos que tenían raíces en la Iglesia Menonita se unieron en 1860 con grupos menonitas alemanes y suizos, los cuales habían emigrado recientemente de Europa. Más tarde, la Conferencia General añadió congregaciones de descendencia holandesa y prusiana, tanto en Los Estados Unidos como en Canadá. La extensa confesión de Ris (Holanda, 1776) ha sido ampliamente utilizada en los círculos de la Conferencia General. También han sido ampliamente utilizadas varias confesiones regionales y adaptaciones de la Confesión Elbing (Oeste de Prusia, 1792). En 1896, La Conferencia General adoptó la Confesión Común. En su sesión trienal en 1941, la Conferencia General también aprobó una Declaración de Fe para su nuevo seminario.

¿De qué manera estas confesiones de fe Menonita sirven a la iglesia? Primero, le proveen guías para la interpretación de las Escrituras. Al mismo tiempo, la confesión misma está sujeta a la autoridad de la Biblia. Segundo, las confesiones de fe proveen guía sobre qué creer y practicar. En este sentido, un principio escrito debe apoyar pero no sustituir el testimonio viviente de la fe. Tercero, las confesiones constituyen un fundamento para la unidad tanto dentro de las iglesias como entre ellas. Cuarto, las confesiones ofrecen un bosquejo para instruir a nuevos miembros de la iglesia y para compartir información con aquellos que tengan preguntas sobre la iglesia. Quinto, las confesiones dan una interpretación actualizada de las creencias y prácticas en medio de los tiempos cambiantes. Sexto, las confesiones ayudan en la discusión de las creencias y práctica menonitas con otros cristianos y con gente que profesa otras formas de fe.

En su formato, esta confesión de fe sigue ciertos patrones tradicionales, pero también presenta nuevos elementos en concordancia con nuestra herencia anabautista. Como en el pasado, la confesión se presenta como una serie de Artículos. Estos Artículos aparecen en cuatro grupos. Los primeros ocho Artículos (1-8) tratan temas comunes a la fe de la Iglesia Cristiana en un sentido amplio. El segundo grupo (Artículos 9-16) tiene que ver con la iglesia y sus prácticas, y el tercero (Artículos 17-23) con el discipulado. El artículo final (24) es sobre el reino de Dios. Cada artículo, sin importar su orden, hace una contribución importante a esta confesión de fe. En esta confesión, cada artículo comienza con un párrafo de resumen y es seguido por un comentario. Además, los temas de casi todos los artículos se pueden encontrar en las anteriores confesiones, aunque hay algunos títulos nuevos, tales como "Espiritualidad Cristiana". Finalmente, tal como en las anteriores confesiones, los artículos están basados en textos bíblicos. Las referencias bíblicas son de la versión Reina Valera, versión de 1995.

La Confesión de Fe en una Perspectiva Menonita fue adoptada en la sesión de delegados de la Iglesia Menonita y de la Iglesia Menonita de la Conferencia General, que se reunió en Wichita, Kansas, EE.UU., del 25 al 30 de julio de 1995. Los veinticuatro artículos y la declaración resumida fueron aceptados por ambos grupos como su declaración de fe para la enseñanza y alimento en la vida de la iglesia. Las secciones de comentarios fueron incluidas para contribuir a la claridad e ilustración en la aplicación de los artículos de la confesión. Los materiales suplementarios de lectura al unísono para uso en la adoración son ejemplos de formas en las cuales esta confesión puede ser utilizada más ampliamente en la iglesia.

Esta confesión guía la fe y la vida de la Iglesia Menonita y de la Iglesia Menonita de la Conferencia General. Además, la *Confesión de Fe en una Perspectiva Menonita* está recomendada a todas las iglesias cristianas y a aquellos que confiesan otra fe o los que no declaran ninguna, para que todos puedan reflexionar seriamente sobre las demandas del Evangelio de Jesucristo desde esta perspectiva. Esperamos que estos artículos de fe nos animen a sostener la confesión de nuestra esperanza sin titubear, porque Aquel que ha prometido es fiel (He.10:23). ¡Alabanza y gratitud sean dadas a nuestro Dios!

Artículo 1
Dios

Creemos que Dios existe y se complace con los que se acercan a Él por fe.[1] Adoramos al único santo y amoroso Dios, quien es Padre, Hijo y Espíritu Santo eternamente.[2] Creemos que Dios ha creado todas las cosas visibles e invisibles, ha traído salvación y vida nueva a toda la humanidad a través de Jesucristo, y continúa sustentando la iglesia y todas las cosas hasta el final de los tiempos.

Comenzando con Abraham y Sara, Dios ha llamado a un pueblo de fe para adorar a Dios solamente, para testificar de su divino propósito para los seres humanos y para toda la creación, y para amar al prójimo como a sí mismos.[3] Nosotros hemos sido hechos parte de su pueblo mediante la fidelidad de Jesucristo y por confesarlo a Él como Señor y Salvador, movidos en todo por el Espíritu Santo.[4]

Humildemente reconocemos que Dios sobrepasa toda comprensión y entendimiento humanos.[5] También reconocemos con agradecimiento que Dios ha hablado a la humanidad y se ha relacionado con nosotros en muchas y diversas maneras. Creemos que Dios ha hablado sobre todo en su Hijo único, la Palabra que se hizo carne y reveló el ser y el carácter divinos.[6]

La majestad gloriosa de Dios y su perdurable compasión son perfectas en santo amor. El poder soberano de Dios así como su infinita misericordia son perfectos en amor todopoderoso. El conocimiento de Dios de todas las cosas y su cuidado por su creación son perfectos en amor perpetuo. La gracia abundante de Dios para perdonar y su ira contra el pecado son perfectas en amor justo. La disposición de Dios para perdonar y su poder transformador son perfectos en amor redentor. La justicia sin límites y la paciencia continua de Dios con la humanidad son perfectas en amor sufriente. La libertad infinita de Dios y su entrega constante son perfectas en amor fiel.[7] ¡Al único santo y amante Dios trino, sea la gloria para siempre!

(1) Ex. 3:13-14; He. 11:6. (2) Ex. 20:1-6; Dt. 6:4; Mt. 28:19; 2 Co. 13:13 [14]. (3) Gn 12:2-3; Lv. 19:18; Ro. 4:11-25; 1 P. 3:9-11. (4) Ga. 2:20; Ro 3:22. (5) Ex. 3:13-14;Job 37; Is. 40:18-25; Ro. 11:33-36. (6) Jn. 1:14,18; He. 1:1-4. (7) Ex. 20:4-6; 34:5-7; Sal. 25:4-10; Is. 6; 54:10; Mt. 5;48; Ro. 2:5-11; 3:21-26; 1 Jn. 4:8,16.

Comentario

1. Creemos que lo que sabemos de Dios a través de la revelación armoniza con quien Dios es en verdad. Confesar que Dios es Padre, Hijo y Espíritu Santo es confesar que el Hijo y el Espíritu Santo son plenamente divinos. Es también confesar que Dios es uno y que su unidad es la unidad del Padre, Hijo y Espíritu Santo. (Por ejemplo, Jn. 10:30; 14:18-20; 16:12-15; 20:21-22). En esta confesión, la palabra *Dios* puede referirse al Dios que es trino o a la primera persona de la trinidad. (En cuanto a *Dios* como la primera persona de la trinidad, compare Mt. 28:19 con 2 Co. 13:13 [14] y otros numerosos pasajes).

Confesar a Dios como Padre, Hijo, y Espíritu Santo también enfatiza la obra compartida de creación, salvación, y consumación final. Este entendimiento trinitario de Dios tiene implicaciones éticas. Las reglas éticas recibidas de

Dios como Creador no son contrarias a las reveladas por Dios como Redentor. Por ejemplo, no podemos decir que Dios como Creador justifica la participación cristiana en la violencia, mientras que Dios como Redentor nos llama a hacer la paz sin violencia. Lo que el Creador quiere para la conducta humana ha sido completamente revelado en Jesucristo.

Algunos credos de los primeros cristianos expresan un entendimiento trinitario de Dios con el uso de términos tales como *esencia, sustancia, o persona*. Los primeros escritores anabautistas tales como Menno Simons y Pilgram Marpeck usaron principalmente un lenguaje bíblico para referirse al Dios trino. También usaron algunos conceptos de los primeros credos. Algunas confesiones de fe menonitas han usado solamente terminología bíblica para referirse a Dios; otras han usado tanto el lenguaje bíblico como el de los credos. Esta confesión supone un acuerdo básico con las confesiones de fe tradicionales aunque mantiene el uso de terminología bíblica en su mayor parte. El artículo usa la palabra trino, la cual no se encuentra en la Escritura. Sin embargo, este es un término apropiado para el Dios revelado en la Escritura y ayuda a mantener un equilibrio ético y teológico sustentado bíblicamente.

2. La relación entre Dios y el pueblo de fe es el contexto dentro del cual hemos recibido la revelación de Dios, la que provee las bases para nuestro entendimiento de Dios. Nuestro conocimiento de Dios viene principalmente de esta relación y su historia, la cual comienza con el llamado de Dios a la familia de Abraham y Sara. (Vea He.11:8-12 y note los textos más antiguos del verso 11: "Por la fe Sara

...recibió fuerza para concebir ...porque creyó que era fiel quien lo había prometido"). Al mismo tiempo, creemos que el Dios que confesamos es el único y verdadero Dios de toda la creación y de toda la humanidad. Aun antes de llamar a un pueblo particular, Dios se reveló a través de la creación y habló a la humanidad.

3. Dios sobrepasa el entendimiento humano pero a la vez se da a conocer a través de la revelación. Nuestro conocimiento de Dios se sostiene en esa tensión. Más aún, las características de Dios (o "atributos") algunas veces nos pueden parecer contradictorias. Por ejemplo. ¿Cómo puede Dios ser misericordioso y justo al mismo tiempo, características que en la experiencia humana a menudo parecen opuestas? Sin embargo, nosotros confesamos que en la divinidad estos atributos están perfectamente unidos. Finalmente, de acuerdo a la Escritura, el amor de Dios tiene cierta prioridad en relación a otros atributos divinos. El artículo refleja este énfasis con frases tales como "amor justo", en lugar de simplemente oponer "justo" y "amor", o enfocar el uno sin el otro.

Artículo 2
Jesucristo

Creemos en Jesucristo, la Palabra de Dios hecha carne. El es el Salvador del mundo, quien nos ha liberado del dominio del pecado y nos ha reconciliado con Dios humillándose a sí mismo y haciéndose obediente hasta la muerte en una Cruz.[1] El fue declarado Hijo de Dios con poder mediante la resurrección de entre los muertos.[2] El es la cabeza de la iglesia, el Señor exaltado, el Cordero que fue sacrificado, que viene otra vez para reinar con Dios en gloria. "Porque nadie puede poner otro fundamento que el que está puesto, el cual es Jesucristo".[3]

Confesamos a Jesús como el Cristo, el Mesías, a través de quien Dios ha preparado un nuevo pacto para todos los pueblos. Nacido de la simiente de David, Jesucristo cumple las promesas mesiánicas dadas a través de Israel.[4] Como profeta, él ha proclamado la llegada del reino de Dios y ha llamado a todos al arrepentimiento. Como maestro de sabiduría divina, él ha dado a conocer la voluntad de Dios para la conducta humana. Como sumo sacerdote fiel, él ha hecho la expiación final del pecado y ahora intercede por nosotros. Como rey que escogió el camino de la cruz, él ha revelado el carácter siervo del poder divino.[5]

Aceptamos a Jesucristo como el Salvador del mundo.[6] En su ministerio de predicación, enseñanza, y sanidad, él proclamó el perdón de pecados y paz a los que estaban cerca así como a los que estaban lejos.[7] Al llamar a los discípulos a seguirle, él inició una nueva comunidad de fe.[8] En su sufrimiento, él amó a sus enemigos y no les resistió con violencia, dándonos así un ejemplo a seguir.[9] Al derramar su sangre en la cruz, Jesús ofreció su vida al Padre, cargó los pecados de todos, y nos reconcilió con Dios.[10] Dios entonces le levantó de entre los muertos, conquistando de esta manera la muerte y desarmando los poderes del pecado y del mal.[11]

Reconocemos a Jesucristo como el Hijo único de Dios, la Palabra de Dios encarnada. El fue concebido por el Espíritu Santo y nacido de la Virgen María. Siendo completamente humano y tentado igual que nosotros, pero sin pecado, él es el ser humano modelo.[12] Siendo completamente divino, él es en quien la plenitud de Dios se complació en habitar. Durante su vida terrenal, Jesús tuvo una relación íntima con su Padre celestial (Abba) y enseñó a sus discípulos a orar "Abba, Padre".[13] El es la imagen del Dios invisible, y "todas las cosas fueron creadas por medio de él y para él, porque él es antes de todas las cosas."[14]

Reconocemos a Jesucristo como la cabeza de la iglesia, que es su cuerpo.[15] Como miembros de su cuerpo, nosotros estamos en Cristo, y Cristo habita en nosotros. Llena de poder por esta relación íntima con Cristo, la iglesia continúa el ministerio de Cristo, que es de misericordia, justicia y paz en un mundo quebrantado.[16]

Adoramos a Jesucristo como a aquel a quien Dios ha exaltado y hecho Señor de todas las cosas. El es nuestro Señor y el Señor que el mundo aún no ha reconocido. Vivimos en la seguridad de su regreso como el de aquél por quien toda la humanidad será juzgada. El es quien será reconocido Señor de todo, y el Cordero, quien reinará por siempre.[17]

(1) Fil. 2:5-8. (2)Ro. 1:4. (3)1 Co. 3:11. (4) 2 S. 7:13-14; Is. 9:1-6; Ro. 1:3; 2 Co. 6:18. (5) Is. 42:1-9; Mt. 4:17; Lc. 4 :43f.;

Mt. 5-7; He. 2:17; 1 Pe. 3:18; Ro. 8:34; He. 7:25; Jn. 18:36-37; Ap. 5:8-14; 7:17. (6) Hch. 4:12; 1 Jn. 4:14. (7) Ef. 2:13-22. (8) Mr. 3:13-19. (9) Mt. 26:50; 1 Pe. 2:21-23. (10) Lc. 23:46; Ro. 5:18; 2 Co. 5:19. (11) Col. 2:15; Ef. 1:20-21. (12) He. 4:15; Ro. 5:14-21; 1 Pe. 2:21. (13) Mr. 14:36 ; Mt. 6:9-13; Ro. 8:15; Ga. 4:6. (14) Col. 1:15-17,19. (15) Ef. 1:22-23. (16) Col. 1:24. (17) Hch. 17:31; Fil. 2:11; Ap. 5-12-14.

Comentario

1. Este artículo refleja el entendimiento bíblico de Jesucristo en una perspectiva anabautista-menonita. Por ejemplo, enfatiza la obediencia y sufrimiento de Jesús en su obra expiatoria, su carácter de siervo humilde como el camino de exaltación, la experiencia de los creyentes en la comunidad de fe, la integración de fe y ética, y la paz como central en el carácter de Cristo. Estos temas son el corazón del evangelio.

2. En algunas tradiciones protestantes, el Mesías (el Ungido) es identificado como profeta, sacerdote, y rey — ministerios para los cuales se ungía a la gente en los tiempos del Antiguo Testamento. (Is. 61:1; Ex. 29:29; 1 S. 10-10). Esta confesión también identifica a Jesús como maestro, según el trasfondo de la literatura sapiencial del Antiguo Testamento (por ejemplo, algunos de los Salmos, Proverbios, Job y Eclesiastés). Como discípulos, participamos en estas cuatro facetas de la obra de Jesucristo.

3. Por generaciones, los credos cristianos han confesado que Jesucristo tiene ambas naturalezas, divina y humana. La Biblia no usa el lenguaje de "naturalezas" para describir

a Jesucristo. Cuando se use este lenguaje, no debemos sobreenfatizar ni el lado humano ni el lado divino. Esta manera de hablar de Jesucristo puede ser de beneficio, sólo si se resalta lo que la Biblia nos revela acerca de él.

4. Como Hijo de Dios, Jesucristo comparte a plenitud la obra y el carácter del Dios trino (Mt. 11:27; Jn. 1:1-3; 7-8; Col. 1:15-20; Ef. 1:3-14). Por ejemplo, la Biblia enseña que Cristo participó en la creación ; él era uno con Dios desde el principio (Col. 1:16). Su íntima unidad con el Espíritu Santo a través de su Padre se revela en las palabras de consuelo de Jesús a sus discípulos: Jesús les dijo que el Padre enviaría el consolador, el Espíritu Santo, quien, en el nombre de Jesús, enseñaría a los discípulos y les recordaría lo que Jesús les dijo a ellos. (Jn. 14:26). Mientras estuvo en la tierra, Jesús se dirigió al Padre con el término arameo "Abba" usado en su tiempo para expresar una relación íntima de padre a hijo, como cuando nosotros decimos "Papito".

Artículo 3
El Espíritu Santo

Creemos en el Espíritu Santo, el Espíritu eterno de Dios que moraba en Jesucristo y quien le da poder a la iglesia, que es la fuente de nuestra vida en Cristo, y que ha sido derramado en aquellos que creen, como garantía de nuestra redención y la redención de la creación misma.

A través del Espíritu de Dios el mundo fue creado, los profetas y escritores de las Escrituras fueron inspirados, la humanidad pudo seguir la ley de Dios, María concibió y Jesús fue ungido en su bautismo.[1] Por el poder del Espíritu Santo, Jesús proclamó las buenas nuevas del reino de Dios, sanó a los enfermos, aceptó la muerte en la cruz y fue resucitado de entre los muertos.

En Pentecostés, Dios comenzó a derramar el Espíritu sobre toda carne y a reunir la iglesia de entre todas las naciones.[2] Como morada del Espíritu Santo la iglesia alaba y adora a Dios y produce el fruto del Espíritu. Por medio de los dones del Espíritu Santo, todos los cristianos están llamados a llevar a cabo sus ministerios particulares. Por la guía del Espíritu Santo, la iglesia llega a la unidad en doctrina y acción. Por el poder del Espíritu Santo la iglesia predica, enseña, testifica, sana, ama y sufre, siguiendo el ejemplo de Jesús, su Señor.

El Espíritu Santo llama a la gente al arrepentimiento, la convence de pecado, y lleva al camino de rectitud a todos aquellos que se abren a la obra del Espíritu Santo.[3] La escritura nos urge a rendirnos al Espíritu y a no resistir o apagar la acción del Espíritu.[4] Por medio del agua y del Espíritu nacemos de nuevo a la familia de Dios. El Espíritu mora en cada hijo de Dios llevándolo a una relación con Dios. A través del Espíritu que mora en nosotros, somos hechos herederos juntamente con Cristo, de manera que si sufrimos con él también somos glorificados con él.[5] El Espíritu nos enseña, nos recuerda la palabra de Jesús, nos guía a toda verdad y nos da poder para hablar la palabra de Dios con denuedo.[6]

El Espíritu Santo capacita nuestra vida en la comunidad cristiana, nos consuela en el sufrimiento, está presente con nosotros en tiempos de persecución, intercede por nosotros en nuestra debilidad, garantiza la redención de nuestros cuerpos, y asegura la futura redención de la creación.[7]

(1) Sal. 104:30; Mi. 3:8; Ez. 36:26-27; Lc. 1:35; 3:22. (2) Jl. 2:28-29; Hch. 2:16-18. (3) Jn. 16:8-10. (4) Is. 63:10; Hch. 5:3; Ef. 4:30; 1 Ts. 5:19. (5) Jn. 3:5; Ro. 8:14-17. (6) Jn. 14:26; 16:13; 1 Co. 2:14; Hch. 4:24-31. (7) Mt. 10:20; 2 Co. 5:5; Ro. 8:26-27; Ef. 1:13-14; Ro. 8:18-23.

Comentario

1. Según la Escritura, el Espíritu de Dios es la presencia y el poder activo de Dios en el mundo. El Espíritu o aliento de Dios actuó en la creación (Gen. 1:2) y continúa actuando en el proceso creativo a través del mundo, en todo lugar, esperado e inesperado. El Espíritu de Dios fue una fuente de poder y reveló la sabiduría de Dios a los profetas y a otra genta santa. Por el poder del Espíritu, Jesús sanó a los enfermos, echó fuera espíritus inmundos y proclamó el reino de Dios (Mt. 12:28; Lc. 3:22; 5:17). Por el mismo Espíritu, Jesús ofreció su vida a Dios (He. 9:14) y resucitó de entre los muertos (Ro. 8:11). Este Espíritu de Dios y este

Espíritu de Jesús es el Espíritu Santo, quien es uno con el Padre y el Hijo.

2. El Evangelio de Juan (1-16) y las cartas de Pablo usan un lenguaje similar para describir la obra del Espíritu de Dios y el Espíritu de Cristo —o el Espíritu y Cristo. Aunque cada uno tiene una función particular, la obra del Espíritu Santo desde la exaltación de Cristo siempre es conforme a Jesucristo. Así que Cristo es la norma para discernir qué espíritu es de Dios (1 Co. 12:3; Jn. 14:26; 1 Jn. 4:2-3). Sólo aquel Espíritu que se conforma a Jesucristo, según lo conocemos a través de la Escritura, puede confiablemente guiar nuestra fe y vida.

3. El Nuevo Testamento afirma que desde la resurrección estamos viviendo en un nuevo período de la acción de Dios en el mundo, la era del Espíritu. El Espíritu ya no está presente sólo en unos pocos; sino que ahora el Espíritu es derramado sobre "toda carne", esto es, sobre varón y hembra, joven y viejo, esclavo y libre (Hch. 2:16-21), gente de todos los trasfondos étnicos, quienes han sido reunidos como pueblo de Dios (Hch. 10-11). Por medio del Espíritu Santo, el amor de Dios es derramado en nuestros corazones (Ro. 5:5). Somos adoptados como hijos de Dios (Ga. 4:6-7) y experimentamos el nuevo nacimiento en la familia de Dios. Esta presencia del Espíritu Santo está relacionada con el "estar en Cristo" siendo parte del cuerpo de Cristo.

4. La unción del Espíritu Santo se ofrece a todo el mundo, pero aquellos que hacen maldad no vienen a la luz por temor a que sus obras sean expuestas (Jn. 3:17-21).

Aquellos que se han arrepentido del pecado (Hch. 2:38) y vienen a la luz, son quienes reciben el Espíritu. Estamos más abiertos a que el Espíritu obre en nosotros cuando nos hacemos pobres en espíritu —vaciándonos a nosotros mismos de aquello que es extraño al camino de la cruz, y comprometiéndonos a una vida de amor y servicio a Dios. Al mismo tiempo, el Espíritu Santo nos da el poder de proclamar la palabra de Dios con denuedo, amar a nuestros enemigos, sufrir en esperanza, permanecer fieles en las tribulaciones, y regocijarnos en todo. Mientras andamos en el Espíritu, el Espíritu produce frutos de amor, gozo, paz, paciencia, benevolencia, bondad, fe, mansedumbre y dominio propio (Ga. 5:22-23).

5. La iglesia y el cristiano son templos del Espíritu Santo (Ef. 2:22; 1 Co. 6:19). El Espíritu de Cristo está en medio de la Iglesia cuando esta se reúne para oración y alabanza. Por medio de los dones del Espíritu dados a cada miembro de la iglesia, esta se edifica en amor (Ef. 4:1-16; 1 Co. 12-13) y se logra la unidad del Espíritu Santo (2 Co. 13:13). Por medio de la guía del Espíritu Santo la iglesia toma decisiones, disciplina y anima a sus miembros.

6. La profecía es uno de los dones dados a la iglesia por el Espíritu Santo (1 Co. 12:28; Ro. 12:6; Ef. 4:11). Sin embargo, algunos cristianos han afirmado que la profecía y la revelación cesaron después de los tiempos de los apóstoles. Ellos dicen que la forma principal en que el Espíritu Santo continúa revelando su verdad es ayudándonos a interpretar las Escrituras. Otros afirman que las revelaciones actuales tienen igual validez que las Escrituras, o inclusive que tienen prioridad sobre ellas.

Sabemos por las Escrituras que el Espíritu Santo continúa revelándonos la voluntad de Dios (1 Co. 14:26-33). El Espíritu de Dios no está en silencio en el presente. Sin embargo, esta nueva revelación no contradice lo que sabemos del camino de Cristo en la Escritura (Juan 14:26). Por lo tanto, podemos abrirnos a la revelación y a la profecía siempre y cuando las examinemos en el contexto de la comunidad de fe por la norma provista en Cristo a través de la Escritura.

Artículo 4
Las Escrituras

Creemos que toda la Escritura es inspirada por Dios, a través del Espíritu Santo para guiarnos a la salvación y para instruirnos en justicia. Aceptamos la Escritura como la Palabra de Dios y como la norma totalmente confiable y fidedigna para la fe y la vida cristiana. Buscamos entender e interpretar la Escritura en armonía con Jesucristo, a medida que somos guiados por el Espíritu Santo en la iglesia.

Creemos que Dios ha obrado a través de los siglos en el proceso por el cual los libros del Antiguo y Nuevo Testamento fueron inspirados y escritos.[1] Mediante el Espíritu Santo, Dios movió testigos humanos para escribir lo que es necesario para la salvación, para guía en la fe y la vida, y para la devoción a Dios.[2]

Aceptamos la Biblia como la Palabra escrita de Dios. Dios ha hablado en muchas y variadas maneras a través de los profetas y apóstoles.[3] Dios ha hablado sobre todo en la Palabra viva, la cual se hizo carne y reveló la verdad de Dios con fidelidad y sin engaño.[4] También reconocemos la Escritura como la Palabra de Dios, plenamente confiable y fidedigna, escrita en lenguaje humano.[5] Creemos que Dios continúa hablando mediante la Palabra viva y escrita.[6] Puesto que Jesucristo es la Palabra de Dios hecha carne, la Escritura en su totalidad tiene su centro y cumplimiento en él.[7]

Reconocemos la Escritura como la fuente autorizada y norma para la predicación y enseñanza acerca de la fe y la vida, para distinguir la verdad del error, para discernir entre lo bueno y lo malo, y para la guía en la oración y la alabanza. Otras afirmaciones en nuestro entendimiento de la fe y la vida cristiana, tales como tradición, cultura, experiencia, razón y poderes políticos, deben ser probados y corregidos a la luz de la Sagrada Escritura.[8]

La Biblia es el libro esencial de la iglesia. Mediante la Biblia, el Espíritu Santo nutre la obediencia a la fe en Jesucristo y guía a la iglesia en la formación de su enseñanza, testimonio y adoración. Nos comprometemos a persistir y deleitarnos en la lectura, estudio y meditación de las Escrituras.[9] Participamos en la tarea de la iglesia de interpretar la Biblia y de discernir lo que Dios está diciendo en nuestro tiempo, examinando todas las cosas a la luz de la Escritura. Las ideas y el entendimientos personales con que interpretamos las Escrituras deben ser examinados en la comunidad de fe.

(1) Jer. 30:2; Jer. 36; 2 Ti. 3:16. (2) 2 P. 1:21. (3) Ex. 20:1; Jer. 1:9-10; Ga. 1:11-12; He. 1:1-4. (4) Jn. 1:14, 18; Ap. 19:13. (5) Pr. 30:5; Jn. 10:35. (6) Is. 55:10-11; Jn. 20:31. (7) Mt. 5:17; Lc. 24:27; Hch. 4:11. (8) Mr. 7:13; Hch. 5:29-32; Col. 2:6-23. (9) Sal. 1:2; 1 Ti. 4:13; 2 Ti. 3:15-17. (10) Hch. 15:13-20; He. 4:2-8, 12.

Comentario

1. De acuerdo a la Escritura, el término "la Palabra del Señor" o "la Palabra de Dios" o "la Palabra", se refiere a:

-Un mensaje que Dios ha comunicado a través de personas en el Antiguo y Nuevo Testamentos, especialmente a través de Moisés, los profetas y los apóstoles (por ejemplo, Ex. 20:1; Jer.1:9-10; Hch. 13:44-47);

-la proclamación de Jesús acerca del reino de Dios (por

ejemplo, Lc. 4:43-5:1);

-el evangelio predicado de Jesucristo (por ejemplo, Hch. 8:25; 18:5; Col.1:25-27; 1 Ts. 2:13);

-la Palabra viva de Dios, que se hizo carne en Jesucristo (Jn. 1:1,14);

-una palabra o palabras de Dios, que se han puesto por escrito (por ejemplo, Jer. 36:4; Jn. 15:25; He. 4:1-12).

De manera que referirse a la Biblia como la Palabra de Dios significa, en primer lugar, enfatizar la riqueza y alcance de "la Palabra" en la Biblia. Limitar el término "La Palabra de Dios" a su forma escrita nos privaría del testimonio total de la Escritura. En segundo lugar, al hacer referencia a la Biblia como la Palabra de Dios escrita, estamos reconociendo su autoridad para la iglesia. Cualquier otra afirmación para representar una palabra con autoridad en asuntos de fe y vida debe ser medida y corregida por la Escritura mediante la guía del Espíritu Santo en la comunidad de fe.

2. La autoridad de la Escritura tiene su fuente de origen en Dios, quien la ha inspirado ("dado aliento") con propósitos específicos en la vida de la iglesia y sus miembros (2 Ti. 3:16-17). La iglesia confiesa y reconoce la autoridad de la Sagrada Escritura y no se atribuye el derecho de darle a la Escritura su autoridad. La forma precisa en que Dios ha inspirado la Escritura a través del Espíritu Santo no está explicada en la Biblia. Nosotros por lo tanto, confiamos en la seguridad de que la Escritura es plenamente confiable y fidedigna porque Aquel que la inspiró es fiel y verdadero.

3. Reconocemos los 39 libros del Antiguo Testamento y los 27 libros del Nuevo Testamento como pertenecientes a la Escritura inspirada. Lo que llamamos el Antiguo Testamento fue aceptado por Israel como la regla de fe y vida en tres etapas durante varios siglos; la ley, los profetas y los escritos. En el siglo cuarto, el Antiguo Testamento, los Evangelios, las cartas paulinas y gradualmente el resto del Nuevo Testamento, fueron ampliamente reconocidos por la iglesia como Santa Escritura.

4. Desde el comienzo de la reforma anabautista en el siglo dieciséis en Europa, los menonitas han buscado ser gente bíblica, tanto en lo que adoptaron de la reforma protestante como en lo que difirieron de ella. Los menonitas han compartido con la tradición protestante el énfasis sobre la autoridad de la escritura en cuanto a la doctrina. Además, los menonitas han subrayado los siguientes énfasis:

-la autoridad de la Escritura para la ética, para la relación de la iglesia y la sociedad, y para el gobierno de la iglesia;

- la interpretación de la Escritura en armonía con Jesucristo, en el sentido que su vida, enseñanzas, muerte y resurrección son esenciales para la comprensión de la Biblia como una totalidad;

- la congregación de creyentes es el lugar donde debe examinarse la interpretación y el entendimiento individual de la Escritura. Esta declaración de fe supone y afirma estos énfasis.

Artículo 5
Creación y Providencia Divina

Creemos que Dios ha creado los cielos y la tierra y todo lo que en ellos hay[1], y que Dios preserva y renueva todo lo que ha sido hecho. En última instancia, toda la creación tiene su origen fuera de sí misma y pertenece a su Creador. El mundo ha sido creado bueno porque Dios es bueno y provee todo lo necesario para la vida[2].

Creemos que el universo ha sido creado como una expresión del amor y la libertad soberana de Dios. La creación testifica del poder eterno y de la naturaleza divina de Dios, quien le da significado y propósito a la vida, y quien es el único digno de ser alabado y adorado.

Reconocemos que Dios sostiene la creación en continuidad y cambio. Creemos que Dios mantiene el orden de la creación y limita las fuerzas del pecado y del mal para preservar y renovar la humanidad y el mundo. Dios también trabaja para salvar a los seres humanos y al mundo de la muerte y la destrucción y para vencer las fuerzas del pecado y del mal.

Nosotros, por lo tanto, estamos llamados a respetar el orden natural de la creación y a confiarnos al cuidado de Dios, ya sea en la adversidad o en la abundancia. Ni la obra de las manos humanas ni las fuerzas del mundo natural alrededor nuestro, ni el poder de las naciones en medio de las cuales vivimos son dignos de la confianza y el honor dados al creador de quien dependemos.

(1) Gn. 1:1; Is. 45:11f.; Jn 1:3. (2) Gn. 1:31; 1 Ti. 4:4. (3) Sal. 19:1-6; Ro. 1:19-23. (4) Gn. 9:8-17; Sal.104; Ef. 3:9-11. (5)

Sal.33; Mt. 6:25-33; Mt. 10:26-31.

Comentario

1. Al confesar a Dios como creador, nos referimos al Dios uno y trino, que es Padre, Hijo, y Espíritu Santo, de acuerdo a las Escrituras. La creación debe entenderse como la obra del Dios trino, no como la obra del Padre, o del Hijo, o del Espíritu Santo solamente (He.1:2-3; Col. 1:16; 1 Co. 8:5-6; Jn. 1:3, 14-18).

Algunas formas de hablar de Dios pueden confundir la confesión plena del Dios trino como creador. Por ejemplo, cuando se habla de Dios solo como "Creador, redentor y sustentador" en vez de como "Padre, Hijo y Espíritu Santo", se puede dar ocasión al malentendido de que el "Padre" solamente es "Creador" el "Hijo" solamente es "Redentor" y el Espíritu Santo solamente es "sustentador".

2. Hablamos de la creación como una "expresión" de Dios debido a las referencias bíblicas a la creación por la palabra divina (Gen.1; Sal. 148:5; Jn. 1:1f; Ro. 4:17). En muchas historias de la creación, relatadas por otras religiones desde los tiempos bíblicos, el mundo se presenta como una extensión del dios o de los dioses. En estos relatos, el mundo participa de la divinidad o se considera divino en sí mismo. En contraste, en el relato bíblico de la creación del mundo por la palabra de Dios se distingue claramente entre el creador y lo que ha sido creado. El rechazo bíblico de confundir lo creado con el creador, o atribuirle divinidad al mundo, concuerda con el rechazo bíblico de la idolatría en todas sus formas. (Is. 45:12-21; Hch. 17:22-29).

Cuando confesamos que Dios es el creador del

universo, rechazamos la idea de que el mundo llegó a existir sin Dios. Tampoco aceptamos la idea de que Dios hizo el mundo de algo que ya existía, o sea la idea de que la materia es co-eterna con Dios. La Escritura es clara en su afirmación de que Dios es antes de todas las cosas. De manera que, tanto el término crear en el Antiguo Testamento como el testimonio de la Escritura en su totalidad dan a entender lo que en teología llamamos "creación de la nada".

Como Creador, Dios es en última instancia dueño de la tierra. Dios ha dado la tierra a los seres humanos para que la cuiden como mayordomos de Dios. Ver "La creación y el llamado de los seres humanos" (Artículo 6) y "Mayordomía cristiana" (Artículo 21).

3. Dios continúa sustentando y cuidando al mundo en vez de dejarlo correr por su cuenta. Aunque el pecado y el mal han afectado la creación original de Dios, Dios continúa usando el orden natural, la familia, la cultura, y los sistemas socio-políticos para sostener la vida y limitar las fuerzas del mal. (Gn. 4:15; Sal. 34; Is. 19:12-25; Mt. 6:25-30; Jn. 5:17; Col. 1:15-17). A pesar de que las catástrofes naturales causan desastres en el mundo, Dios continúa preservando a la creación y a la humanidad de total destrucción (Gn. 8:21-22). Por esta razón necesitamos superar el temor a las fuerzas naturales y a otros seres humanos que puedan causar sufrimiento, persecución, o aun la muerte.

Estamos llamados a poner nuestra confianza total en el cuidado de Dios, en lugar de buscar nuestra seguridad en la tecnología, en los elementos del mundo natural, o en las naciones donde vivimos. Nosotros aceptamos y usamos los recursos de la naturaleza, la sociedad, y la tecnología en la medida que estas nos den sustento y mejoren la calidad de la vida humana y del mundo a nuestro alrededor, en armonía con los propósitos de Dios, y siempre que no devalúen la confianza en el cuidado providencial de Dios.

4. Dios no solo preserva al mundo sino que también actúa para salvar del mal al pueblo escogido y bendecir a toda la gente, así como al resto de la creación. Dios usó los elementos de la naturaleza para liberar al pueblo hebreo de la esclavitud de Egipto, para proveerles alimentos, para acompañar la revelación de la Ley en Sinaí, y para proveerles un lugar donde habitar (Ex. 6:16-19; Sal. 124;136).

Puesto que Dios obra en maneras nuevas y sorprendentes, la creación está sujeta a cambios. Dios también obra para traer renovación dentro de la creación por el bien del pueblo con el que hizo su pacto y por todas las naciones. (Is. 42:5-9; 44:21-28). Ver "Salvación" (Artículo 8) y "El Reino de Dios" (Artículo 24) sobre la renovación de la creación en Jesucristo y, a través del Espíritu Santo, en la iglesia y en el mundo.

Artículo 6
La Creación y el Llamado de los Seres Humanos

Creemos que Dios ha creado a los seres humanos a su imagen divina. Dios los formó del polvo de la tierra y les dio una dignidad especial entre todas las obras de su creación. Los seres humanos han sido hechos para tener una relación especial con Dios, vivir en paz unos con otros y cuidar del resto de la creación.

Creemos que los seres humanos fueron creados buenos, a imagen de Dios.[1] Como criaturas de acuerdo a la semejanza divina, hemos sido hechos mayordomos para sojuzgar y cuidar la creación con un sentido de reverencia y honor al creador.[2] Como criaturas hechas a imagen divina, hemos sido bendecidos con la habilidad para responder con fidelidad a Dios, para vivir en armonía con otros seres humanos, y para participar significativamente en el trabajo y el descanso. Debido a que tanto Adán como Eva fueron hechos igual y maravillosamente a la imagen de Dios, la voluntad de Dios desde el principio ha sido que las mujeres y los hombres vivan en relaciones de amor y de ayuda mutua.[3]

Estamos agradecidos de que Dios pacientemente preserva a la humanidad y fielmente permanece con nosotros, aun a través de la muerte.[4] Dios ha hecho provisión para salvar a la humanidad y para redimir a la creación.[5] Creemos que la imagen de Dios en toda su plenitud ha sido revelada y restaurada en Jesucristo, en quien encontramos nuestra verdadera humanidad.
(1) Gn. 1:26-27, 31; Ro. 8:29. (2) Gn.1-26-30; Sal. 8:5-8; Ro.

1:21-23. (3) Gn. 2:18-23; Ef. 5:21-33. (4) Ro. 8:38-39. (5) Ro. 8:19-25. (6) 2 Co. 4:4; Col.1:15.

Comentario

1. La "imagen de Dios" se refiere a la relación única de los seres humanos con Dios y por lo tanto también a su distintiva relación unos con otros y con el resto de la creación. El término se refiere a los seres humanos en su totalidad y no a un aspecto particular de la persona.

Algunos razonamientos teológicos han enfocado el papel de la humanidad como representante de Dios en la tierra para administrarla y cuidarla. Algunos otros han enfatizado la relación del hombre y la mujer como símbolo de las relaciones profundas del Dios trino. Otros puntos de vista han subrayado esa relación característica con Dios para la cual los seres humanos fueron creados. Algunos han enfocado las diferencias entre los seres humanos y los animales, especialmente la capacidad de la razón, la cultura y la moralidad humanas. Cada uno de estos puntos de vista enfatiza solo un aspecto de un cuadro bíblico más amplio acerca de los seres humanos, el cual en este artículo se ha resumido como el ser hechos a imagen y semejanza de Dios.

2. De acuerdo a Génesis 1:26-27, Dios creó al hombre y a la mujer a su imagen divina. Ambos son iguales en relación a Dios y creados para tener relación el uno con el otro. La relación de la mujer con Dios no es derivada de la del hombre, ni la relación del hombre con Dios está derivada de la de la mujer. Génesis 2:18 describe a la mujer como la "ayuda" del hombre, pero esto no implica una subordinación de ella hacia él. La misma palabra hebrea

usada aquí se aplica más frecuentemente a Dios como "ayudador" (por ejemplo, en Dt. 33:7, 26; Sal. 33:20; 54:4; 70:5; 115:9-11). El control del hombre sobre la mujer es un resultado del pecado (Gen. 3:16) y por lo tanto, no es un orden aceptable entre los redimidos (Ga. 3:28; 1 Co.7:4; 11:11-12).

La renovación de la humanidad en Jesucristo restaura tanto al hombre como a la mujer a la imagen divina. En Pentecostés, el Espíritu Santo fue derramado tanto sobre hombres como mujeres directamente de acuerdo a la profecía de Joel (Hch. 2:1-18; vea también Hch. 1:12-14). En la comunidad de fe, los gentiles y los judíos tienen la misma posición, lo mismo que los esclavos y los libres, y las mujeres y los hombres (2 Co. 6:18). Ellos son llamados para vivir en unidad unos con otros (Ga. 3:25-28) y en mutua sujeción unos con otros (Ef. 5:21-6:9).

3. Creemos que Dios ha creado a los seres humanos con la capacidad de escoger obedecer o desobedecer la palabra de Dios (Gn. 2:15-17). La humanidad ha sido creada con la libertad de escoger entre un pacto de relación con Dios o someterse al pecado (Ro.6:16-18). Somos genuinamente libres solo cuando vivimos comprometidos con Dios y en conformidad a su voluntad.

4. Creemos que la intención de Dios para el trabajo humano es que sea un medio para cuidar y ordenar al mundo creado en lugar de la explotación del mismo. El trabajo es necesario para sustentar y mejorar la vida humana. También puede ser una manera de servir y testificar a otros en el espíritu de Jesucristo (Gn. 1:28; 2:15; 19-20; 2 Ts.3:6-13; Ef. 4:28; 6:5-9). De acuerdo al diseño de

Dios, debemos hacer un balance entre trabajo y descanso para nuestro bien y para el bien del resto de la creación. Pero sobre todo, el descanso regular del trabajo está puesto para recordarnos acerca de la presencia de Dios y de su actividad creadora, liberadora, sanadora y salvadora. (Ex. 20:8-11; Dt.5:12-15; Mr. 3:1-5; He. 4:9-11).

Debido a que somos llamados a servir a Dios en todos los aspectos de la vida, también buscamos seguir a Jesús en el trabajo que escogemos y en la manera en que lo llevamos a cabo. Vea los artículos sobre "Discipulado y vida cristiana" (Artículo 17), "Mayordomía cristiana" (Artículo 21), y "El reino de Dios" (Artículo 24).

Artículo 7
El Pecado

Confesamos que, comenzando con Adán y Eva, la humanidad ha desobedecido a Dios cediendo ante el tentador, y escogiendo pecar. Debido al pecado, todos hemos fallado al propósito del Creador, hemos empañado la imagen de Dios en la cual fuimos creados, hemos roto el orden del mundo, y hemos limitado el amor por otros. Debido al pecado, la humanidad ha sido sometida a la servidumbre de los poderes del mal y la muerte.[1]

Pecar es alejarse de Dios y hacer dioses de las cosas creadas o de nosotros mismos. Pecamos cuando tomamos decisiones individuales o en grupo para cometer inmoralidad e injusticia.[2] Pecamos al dejar de hacer el bien y descuidamos el dar la gloria debida al Creador y Redentor. Cuando pecamos, cometemos infidelidad al pacto con Dios y con su pueblo, destruimos relaciones justas, usamos el poder con egoísmo, hacemos violencia, y nos separamos de Dios. Como resultado, no somos capaces de adorar a Dios correctamente.[3]

A través del pecado, los poderes de dominación, división, destrucción, y muerte han sido desatados sobre la humanidad y sobre toda la creación. Por su parte, estos poderes han sometido a los seres humanos al poder del pecado y del mal, han aumentado la carga del trabajo y diminuido el descanso. Entre más pecamos, más quedamos atrapados en el pecado. Por nuestro pecado nos exponemos a las ataduras de los poderes demoníacos.[4] Debido al pecado y sus consecuencias, los esfuerzos humanos por hacer el bien y por conocer la verdad se pervierten constantemente.[5]

La naturaleza esclavizante del pecado se hace evidente en los poderes del mal, los cuales actúan tanto en individuos como en grupos y en todo el orden de la creación. Estos poderes, principados, y espíritus elementales del universo, a menudo mantienen cautiva a la gente y obran a través de los sistemas políticos, económicos, sociales y aun religiosos para apartar a las personas de la justicia y la rectitud.[6] Gracias sean dadas a Dios, quien no ha permitido a los poderes del mal tener supremacía sobre la creación ni ha dejado a la humanidad sin esperanza.

(1) Gn. 2:17; 3:22-24; 6:11-12; Ro. 1:21-32; 6:23. (2) Dn.9. (3) Is. 1:12-17. (4) Ro. 6:12-18; Ef. 6:10-12. (5) Sal. 14:2-4; Ro. 3:9-18. (6) Ef. 2:1-3; Ga. 4:1-3.

Comentario

1. El pecado es una realidad, no una ilusión. No podemos disculpar el pecado dando explicaciones como si fuera una enfermedad o para alegar que somos víctimas de las circunstancias o del mal. El pecado involucra responsabilidad personal y tiene consecuencias reales. En la Escritura la responsabilidad por el pecado y el mal no solo se atribuye a hombres y mujeres. También se refiere a un poder personal, a quien se dan varios nombres: "serpiente" (Gn. 3:1; 2 Co.11:3), "tentador" (Mt. 4:3), "Satán" (Zac. 3:1), "padre de mentiras" (Jn 8:44), el "maligno" (Mt. 6:13), y "el diablo" (Stg 4:7).

2. Además, los "poderes", "principados", "dioses de las naciones", y "espíritus elementales del universo", aunque

no necesariamente malignos, tienen la tendencia a distorsionar los propósitos de Dios. Ellos pueden corromper y esclavizar a la humanidad (Is. 42:17; 45:20; Ga 4:9; Ef. 2:1-3; 6:12; Col. 2:15). El pecado no es por lo tanto solo un asunto individual, sino que también incluye a grupos, naciones y estructuras.

Tales organizaciones tienen un "espíritu" que puede incitar a las personas para hacer el mal que por su propia decisión no harían. Los gobiernos, las fuerzas militares, los sistemas económicos y los educacionales, las instituciones religiosas, los sistemas familiares y las estructuras determinadas por clase, raza, género o nacionalidad pueden ser influenciados por espíritus demoníacos.

La violencia humana de unos hacia otros, las enemistades entre pueblos, la dominación del hombre sobre la mujer, y las condiciones adversas de la vida y del trabajo en el mundo, son todas señales del pecado en la humanidad y en toda la creación (Gn.3:14-19; 4:3-16; 6:11-13; 11:1-9; Ro. 8:21).

3. La gente no peca simplemente por romper ciertas leyes divinas, sino por romper el pacto que Dios le ofrece a todos. Un pacto es un acuerdo que establece una relación. En la Biblia, Dios inició este pacto con su pueblo (Jos. 24:16-18; Jer. 7:23; 31:31-34; Os. 2:18-23). *Fe o fidelidad* (palabras que significan lo mismo en los lenguajes bíblicos) significa vivir con rectitud dentro de esta relación del pacto. Por eso, pecar es fundamentalmente una infidelidad en nuestra relación con Dios y desobediencia a su voluntad. La falta de rectitud y la injusticia abarcan todo pecado: esta misma palabra en los lenguajes bíblicos puede ser traducida con cualquiera de estas dos expresiones. Los idiomas hebreo y

griego no distinguen (como sucede en otros idiomas) entre la dimensión individual del pecado (falta de rectitud) y la dimensión social del pecado (injusticia).

4. El pecado es parte de la condición humana; todos pecamos. El pecado de Adán y Eva nos afecta a todos (Ro. 5:12, 19); al mismo tiempo, todos somos llamados a rendir cuentas por nuestra conducta. Tal como escribió el líder anabautista Pilgram Marpeck, "cualquier herencia que hayamos recibido de nuestros primeros padres no nos libra de nuestra responsabilidad final ante Dios" (Ez.18). Aunque los humanos tenemos libre voluntad, la elección es limitada. Por la gracia de Dios, se nos ha dado la libertad de escoger entre el vínculo del pacto de la relación con Dios, o escoger la atadura al pecado (Ro.6:16-18), la cual nos lleva a la separación definitiva de Dios. Las Escrituras nos advierten firmemente que los que no temen a Dios y persisten en la ira, codicia, abuso del poder, y cosas semejantes, encaran la destrucción del infierno (Mt. 5:22, 29; 18:9). Ver "El Reino de Dios" (Artículo 24).

5. La naturaleza pecaminosa del ser humano afecta a la persona por completo. No hay un aspecto particular del ser humano, tal como la razón o la sexualidad o el cuerpo físico, que pueda ser señalado especialmente como el portador primario de pecado. Darle lugar a la "carne" se expresa en una variedad de actitudes y conductas pecaminosas (Ro. 13:14; Ga. 5:16, 24; 1 Co. 11:18-30; Fil. 3:3-7).

6. El pecado ha pervertido las relaciones entre los seres humanos. Los efectos del pecado y del mal han

distorsionado el trabajo humano y el descanso. El trabajo en sí no ha sido maldecido por Dios (Sal. 104:23-24), pero tampoco debe ser idealizado. De acuerdo a Génesis 3:17, Dios no maldijo el trabajo directamente, sino al "suelo", es decir, las condiciones bajo las cuales el trabajo se realiza en un mundo afectado por el pecado y la maldad.

Artículo 8
La Salvación

Creemos que a través de la vida, muerte y resurrección de Jesucristo, Dios ofrece salvación del pecado y una nueva vida a todas las personas. Recibimos la salvación de Dios cuando nos arrepentimos del pecado y aceptamos a Jesús como Salvador y Señor. En Cristo, somos reconciliados con Dios y venimos a ser parte de la comunidad del pueblo de Dios, la cual se ha reconciliado con él. Ponemos nuestra fe en Dios y confiamos que, por el mismo poder que levantó a Cristo de los muertos, podemos ser salvos del pecado para seguir a Cristo en esta vida, y para conocer la plenitud de la salvación que traerá la era venidera.

Desde el principio, Dios ha actuado en gracia y misericordia para traer salvación; lo hizo mediante señales y maravillas, liberando a su pueblo, y haciendo un pacto con Israel.[1] De tal manera amó Dios al mundo que en el cumplimiento del tiempo envió a su hijo, por cuya fidelidad en la muerte de cruz ha provisto el medio de salvación para todo el mundo.[2] Al derramar su sangre por nosotros, Cristo inauguró el nuevo pacto.[3] El nos sana, perdona nuestros pecados, y nos libra de las ataduras del mal y de quienes buscan hacernos mal.[4] Por su muerte y resurrección, él rompe los poderes del pecado y la muerte,[5] cancela nuestra deuda de pecado,[6] y nos abre el camino hacia una nueva vida.[7] Somos salvos por la gracia de Dios, no por nuestros propios méritos.[8]

Cuando escuchamos las buenas nuevas del amor de Dios, el Espíritu Santo nos mueve a aceptar el don de salvación. Dios nos trae a esta relación sin coerción.

Nuestra respuesta incluye ceder a la gracia de Dios poniendo nuestra confianza total en Dios solamente, arrepentirnos del pecado, dejar el mal, unirnos en compañerismo con otros redimidos, y demostrar la obediencia de la fe, en palabras y hechos.[9]

Cuando nosotros, que una vez fuimos enemigos de Dios, somos reconciliados con Dios mediante Jesucristo, también experimentamos reconciliación con otros, especialmente dentro de la iglesia.[10] En el bautismo testificamos públicamente de nuestra salvación y prometemos lealtad al único Dios verdadero y al pueblo de Dios, la iglesia. Al experimentar la gracia y el nuevo nacimiento, somos adoptados en la familia de Dios y llegamos a ser transformados cada vez más en la imagen de Cristo.[11] De esta manera, respondemos en fe a Cristo y buscamos caminar fielmente en el camino de Cristo. Creemos que la salvación que hemos experimentado es un adelanto de la salvación plena que nos espera, cuando Cristo vencerá el pecado y la muerte, y los redimidos vivirán en comunión eterna con Dios.

(1) Sal. 74:12; Dt. 6:20-25; Ex. 20:1-17. (2) Jn. 3:16; Ga. 4:4; He.1:1-2. (3) Mt. 26:28; 1 Co. 11:25. (4) Ro. 5:1-5; Mr. 2:1-12. (5) Ro. 8:2; He. 2:14-15. (6) Ro. 3:24-25; Col. 2:13-14; Mr.10: 45. (7) Ro. 6:4. (8) Ef. 2:8-9. (9) Ro. 1:5; Lc.19:8-10. (10) Ro. 5:6-10. (11) Ro. 12:2; 2 Co. 3:18.

Comentario

1. En la historia del pensamiento cristiano, ha habido tres puntos de vista principales acerca de la expiación. Cada uno tiene su base en las Escrituras y contribuye a nuestro entendimiento de la salvación. Al romper el poder

del pecado y de la muerte, Cristo es conquistador sobre el mal (el punto de vista del Cristo victorioso). Al cancelar nuestra deuda de pecado, Cristo es un sacrificio que paga el rescate a favor nuestro (expiación sustitutoria). Al abrirnos el camino a la nueva vida, Cristo nos muestra el amor de Dios, inspirándonos a recibir ese amor y darlo en respuesta, a Dios y a los demás (el punto de vista de la influencia moral).

2. Algunas personas pasan por una variedad de experiencias para aceptar la salvación. Algunas experimentan crisis de conversión, mientras que otras oyen la proclamación del evangelio y gradualmente van siendo nutridas por la comunidad de fe antes de llegar a un compromiso. En cualquier caso, la aceptación de la salvación es un asunto personal y una decisión voluntaria. La salvación no se adquiere en forma automática por haber nacido en una familia cristiana o por haber crecido en una iglesia.

3. Esta confesión usa una variedad de expresiones para salvación. Por ejemplo, la salvación se expresa a menudo como "justificación por fe". La justificación que ha sido contada a nosotros como salvación (Ro. 4:1-12) se experimenta como una relación de pacto con Dios. Un pacto es un acuerdo de compromiso entre dos partes. Dios es quien ofrece esa relación. La persona justa que ha recibido la oferta, vive de acuerdo al pacto, y confía en la fidelidad de Dios. La justificación por fe y la fiel obediencia al pacto son inseparables (He.11). Vea "El discipulado y la vida cristiana" (Artículo 17).

El "nuevo nacimiento" es otra manera de expresar la

salvación. La humanidad fue creada a imagen de Dios. Eso es, fueron hechos hijos de Dios. Cuando pecaron, se convirtieron en hijos del diablo y perdieron su lugar en la familia de Dios (1 Jn. 2: 29-3:10). Mediante la salvación, somos nacidos de nuevo y adoptados en la familia de Dios (Ga. 3:23-4:7).

El Nuevo Testamento frecuentemente relaciona nuestra salvación con la paz (Jn.16:33; Ro. 5:1; 10:15). Al hacer esto, se toma como base el concepto de shalom del Antiguo Testamento. Mediante la muerte de Cristo en la cruz, llegamos a tener tanto paz con Dios como reconciliación dentro de la iglesia entre grupos que eran enemigos (Ef.2:14-17). El sufrimiento de Cristo sin tomar venganza, nos da un ejemplo. Podemos seguir sus pasos y vivir con rectitud (1 Pe. 2:19-24; Lc. 6:35-36; Mr. 8:34). Ver también "Paz, justicia, y no resistencia" (Artículo 22).

4. Dios nos salva como individuos en comunidad. La actividad salvadora del Señor se extendió a todo un pueblo en cautiverio (Ex.15). Jesús llamó a un grupo de discípulos. La iglesia es el contexto del mensaje de salvación (Ef. 2:11-22; 1 Pe. 2:1-10). En ella, los pactos se hacen en presencia de testigos y los miembros son llamados a asumir responsabilidad. El pacto de Dios con nosotros también conlleva una relación justa con el pueblo de Dios, en la cual las antiguas enemistades son reconciliadas.

5. De acuerdo a la Biblia, la salvación incluye no solo el perdón de pecados, el cual nos ha sido dado, sino también el rescate de los poderes del mal en los cuales hemos estado atrapados (1 Pe. 2:24; Mat 26:28; Heb 2:14-15), la liberación de los enemigos que han pecado contra nosotros (Luc.

21:16-19; Hch.4), y la sanidad. Ver "La iglesia en misión" (Artículo 10), párrafo 3 del comentario. Nuestra salvación en última instancia descansa en el poder de la resurrección.

Artículo 9
La Iglesia de Jesucristo

Creemos que la iglesia es la asamblea de quienes han aceptado la oferta de salvación de Dios, a través de la fe en Jesucristo. La iglesia es la nueva comunidad de discípulos enviados al mundo para proclamar el reino de Dios y proveer un anticipo de la esperanza gloriosa de la iglesia. La iglesia es la nueva sociedad establecida y sustentada por el Espíritu Santo. La iglesia, el cuerpo de Cristo, está llamada a ser cada vez más como Jesucristo, quien es su cabeza, en su adoración, ministerio, testimonio, amor y cuidado mutuo, y en la ordenación de su vida en comunidad.[1]

Reconocemos a la iglesia como la sociedad de los creyentes de muchas naciones, ungidos por el testimonio del Espíritu Santo.[2] Mediante la obra del Espíritu Santo, las divisiones entre naciones, razas, clases y géneros han sido sanadas en la medida que las personas de todos los grupos humanos han sido reconciliadas y unidas en la iglesia.[3] En tiempos de sufrimiento así como de tranquilidad, para su preservación y misión, la iglesia depende de la presencia y el poder del Espíritu, antes que del poder o la benevolencia del gobierno.

La iglesia es la asamblea de aquellos que se comprometen voluntariamente a seguir a Cristo en la vida y a rendirse cuentas unos a otros y también a Dios, aunque reconociendo que la iglesia es imperfecta y por lo tanto está en constante necesidad de arrepentimiento. La identidad de la iglesia como pueblo de Dios se sostiene y se renueva cuando los miembros se reunen regularmente para adorar.

Es allí donde la iglesia celebra la gracia infinita de Dios, reafirma su lealtad a Dios por encima de todo, y busca discernir la voluntad de Dios.

La iglesia es el hogar o la familia de Dios.[4] El compromiso de unos a otros se muestra en el amor de unos a otros, tal como Dios nos ama, en compartir recursos materiales y espirituales, practicar cuidado y disciplina mutua, y demostrar hospitalidad a todos.[5] La iglesia recibe a toda persona que se une a Cristo para ser parte de la familia de Dios.[6]

Creemos que la iglesia como el cuerpo de Cristo es la manifestación visible de Jesucristo. La iglesia está llamada a vivir y a ministrar tal como Cristo vivió y ministró en el mundo. Así como muchos miembros pertenecen a un solo cuerpo, igualmente todos los creyentes han sido bautizados en un solo Espíritu en el cuerpo de Cristo. Hay una variedad de dones y ministerios en la iglesia, todos dados para el bien común. Los creyentes deben amarse unos a otros y crecer hacia la semejanza de Cristo, quien es la cabeza de la iglesia. La iglesia existe como una comunidad de creyentes en la congregación local, como una comunidad de congregaciones, y como la comunidad mundial de fe.

(1) Ef.4:13, 15. (2) Hch. 1:8; 2:1-11. (3) Hch. 11:1-18; 1 Co. 12:12-13; Ga. 3:26-28. (4) Mr. 3:33-35; Ef. 2:19. (5) Dt. 10:19; Ro. 12:13; He. 13:2. (6) Jn. 20:21; Mt.28:18-20; Mt. 5-7.

Comentario

1. Las referencias del Nuevo Testamento a la iglesia como el pueblo de Dios (1 Pe. 2:10) muestran que la iglesia primitiva dependía en buena parte del Antiguo Testamento

para su propia comprensión. (Ex. 7:6; 2 S. 7:24). Tal como en tiempos del Antiguo Testamento, el pueblo de Dios en el Nuevo Testamento se ve a sí mismo como una comunidad de pacto, que confía en la promesa de amor inmutable y misericordia sostenedora de Dios. Es "un linaje escogido, una nación santa, el pueblo adquirido por Dios" (1 Pe. 2:9; ver Ex. 19:6). La palabra *iglesia* es por lo general una traducción del Hebreo *qahal* o del griego *ekklesia*, que significa "asamblea". Pero la iglesia es una nueva clase de asamblea. Su identidad no está basada en una herencia biológica común o sujeta a una región geográfica. La iglesia está formada por gente de muchas naciones y trasfondos étnicos. Por lo tanto, la iglesia es una nueva realidad política y social, descrita en este artículo con términos tales como "sociedad", "asamblea," "casa de Dios" y "comunidad de discípulos".

2. El énfasis menonita sobre la membresía voluntaria de la iglesia, junto con el punto de vista moderno sobre el potencial humano, nos pueden tentar a ver la iglesia meramente como un producto del esfuerzo humano. Pero la iglesia es más que una mera organización humana. La iglesia depende de Dios para ser y vivir (Ef. 3:20-21). Su fundamento es Jesucristo (1 Co. 3:11). Depende constantemente del Espíritu Santo.

3. Una de la imágenes favoritas de los anabautistas para la iglesia era el "cuerpo de Cristo". La participación en la vida de la iglesia es una participación en Cristo. El seguir a Cristo en la vida, el dar una respuesta de fidelidad al pacto bautismal y la lealtad comunal, son maneras de conocer a Cristo. Las obras de amor y servicio son una extensión del

ministerio de Cristo, en y a través de su cuerpo, la iglesia. Reunirse regularmente en adoración colectiva (He.10:25) y compartir la cena del Señor, son maneras de participación en la vida de Cristo, animándose unos a otros.

4. Los artículos que siguen dan más detalles respecto a la iglesia: su misión (Artículo 10); su práctica del bautismo, la cena del Señor, y el lavado de pies (Artículos 11-13); disciplina, ministerio, orden y unidad (Artículos 14-16). Los artículos finales (17-24) se refieren a la iglesia en el mundo y la relación entre la iglesia y el reino de Dios.

Artículo 10
La Iglesia en Misión

Creemos que la iglesia está llamada a proclamar y ser una señal del reino de Dios. Cristo ha comisionado a la iglesia para ser su testigo, haciendo discípulos en todas las naciones, bautizándolos, y enseñándoles a guardar todas las cosas que él ha mandado.[1]

En su misión de predicar, enseñar, y sanar, Jesús anunció, "El reino de Dios se ha acercado, arrepiéntanse y crean en el evangelio".[2] Después de su muerte y resurrección, Jesús comisionó a sus discípulos diciéndoles, "La paz sea con ustedes. Como el Padre me ha enviado, yo les envío a ustedes... reciban el Espíritu Santo."[3] Con el poder del Espíritu, continuamos el ministerio de Jesús, de reunir el nuevo pueblo de Dios que reconoce a Cristo como Señor y Salvador.

La iglesia está llamada a ser testigo del reino de Cristo al encarnar el estilo de vida de Jesús en su propia vida y convertirse en modelo del reino de Dios. Así la iglesia revela al mundo una muestra de la vida bajo el señorío de Jesucristo. Por su estilo de vida, la iglesia llega a ser como una ciudad asentada sobre un monte, luz de las naciones,[4] que testifica del poder de la resurrección por esa manera de vivir diferente de las sociedades que le rodean.

La iglesia también testifica al proclamar el reino en palabras y hechos. La iglesia debe buscar al perdido, llamarle al arrepentimiento, anunciar la salvación del pecado, proclamar el evangelio de paz, libertar a los oprimidos, orar por la integridad y la justicia, servir como Jesús lo hizo y, sin forzar o manipular, llamar a la gente a formar parte del pueblo de Dios. La iglesia está llamada a ser un instrumento de la sanidad de Dios, lo cual puede incluir la unción con aceite.[5] Aun a riesgo de sufrimiento y muerte, el amor de Cristo motiva al creyente a testificar de su Salvador.[6]

Tal testimonio es una respuesta al llamado de Jesús, de ir y hacer discípulos. Cuando los nuevos creyentes son bienvenidos e incorporados a la vida de la iglesia, aprenden a participar en adoración, compañerismo, educación, ayuda mutua, toma de decisiones, servicio, y a la misión que continúa.[7] Los nuevos creyentes también ayudan a la iglesia a descubrir nuevas dimensiones de su misión.[8]

Dios llama a la iglesia a dirigir su misión hacia todas las naciones y grupos étnicos, tal como Jesús comisionó a sus discípulos a ser testigos en "Jerusalén, toda Judea, Samaria, y hasta lo último de la tierra".[9] El apóstol Pablo predicó a las naciones gentiles. La iglesia hoy está llamada a testificar a las gentes de todas las culturas, grupos étnicos, y nacionalidades. La misión de la iglesia no necesita la protección de ninguna nación o imperio. Los cristianos son como extranjeros dentro de todas las culturas. Sin embargo, la iglesia en sí misma es la nación de Dios, incluyendo a gente que ha venido de toda tribu y nación. Ciertamente, su misión es reconciliar a los diferentes grupos, creando una nueva humanidad,[10] y ofreciendo un adelanto del día cuando todas las naciones se juntarán en el monte del Señor y vivirán en paz.

(1) Hch. 1:8; Mt. 28:19-20. (2) Mr.1:15. (3) Jn. 20:21-22; Hch. 10:36. (4) Mt. 5:13-16; Is. 42:6. (5) Mr. 6:13; Stg 5:14-15. (6) 2 Co. 5:14. (7) Hch. 2:41-47. (8) Hch. 10:15. (9) Hch. 1:8. (10) Ef. 2:15-16. (11) Is. 2:2-4.

Comentario

1. Cristo ha comisionado a la iglesia para continuar su misión. Los misioneros y otros creyentes con el don de evangelizar no funcionan independientemente, sino como representantes de Cristo y de la iglesia. La comisión de Jesús a sus discípulos (registrada en Mt. 28:19-20; Mr.16:1518; Lc. 24:4549; Jn. 20:21-22; y Hch.1:8) se da a toda la comunidad, a través de los apóstoles.

2. La misión de la iglesia implica tanto palabras como hechos, evangelización y servicio, proclamar el mensaje de Cristo y demostrar en la vida de la iglesia la naturaleza de la nueva creación en Cristo. Ni la palabra sola, ni las obras solas son suficientes para la misión. La palabra explica las obras, y las obras autentican la palabra.

3. En el ministerio de Jesús, la sanidad (de cuerpo y de espíritu) y la salvación están íntimamente relacionadas. De hecho, se usa la misma palabra griega en el Nuevo Testamento para sanidad y salvación. Las palabras de Jesús tanto para los que recibían perdón de pecados como para los que eran sanados fueron: "Tu fe te ha salvado (te ha hecho bien); vete en paz" (compare Lc. 7:50 y 8:48, donde se usan las mismas palabras griegas). La iglesia por tanto continúa el ministerio de sanidad de Jesús. La iglesia puede ser un instrumento de sanidad usando la oración y la unción con aceite.

4. La misión incluye paz y evangelización. La paz es una parte integral del contenido del mensaje de la iglesia (Hch. 10:36; Ef. 2: 17; 6:15). La paz también describe el contexto de la evangelización (Jn. 20:21-22). El poder del

evangelio es tan grande y la misericordia de Dios es tan amplia que permite a cualquier persona arrepentirse y ser salva. No hay enemigo tan malo como para estar más allá del amor de Dios. La iglesia vive y predica la reconciliación con denuedo pero sin forzar a la gente. La iglesia misionera prefiere sufrir antes que forzar a otros. En el lenguaje del Nuevo Testamento la palabra para testigo es la misma que para mártir.

5. La iglesia está llamada a vivir como un modelo de cultura alternativa dentro de la sociedad que le rodea. Así es como la iglesia se vincula en misiones transculturales, sea que llegue a la gente de la mayoría cultural, o a gente de las culturas minoritarias dentro de la sociedad, o a los diversos grupos culturales en otros países. La iglesia vive dentro de la cultura dominante; sin embargo está llamada a retar los mitos y supuestos de esa cultura cuando éstos entran en conflicto con la fe cristiana. Estos mitos culturales incluyen el individualismo, materialismo, militarismo, nacionalismo, racismo, sexismo, y una visión del mundo que niega la realidad de cualquier cosa más allá de los cinco sentidos y la razón.

6. En su misión, la iglesia proclama a Jesucristo como único Salvador del mundo (Hch. 4:12). Alguna gente piensa que todos los caminos a Dios son igualmente válidos y que el trabajo misionero por su propia naturaleza, es intolerante y coercitivo. Sin embargo, el testimonio fiel de Cristo no es coercitivo, no fuerza nuestro punto de vista sobre nadie. Más bien, reconoce que Dios no se ha quedado sin testimonio en ningún lugar (Hch. 10:35; 14:17; 17:22-31; Ro. 1:19-20; 2:14-16). Además testifica de la obra de Cristo

en nuestras vidas e invita a otros a conocerle a él, a seguirle, y ser parte de su cuerpo. Nos involucramos en la misión por nuestro amor y preocupación por la gente y porque el amor de Cristo nos urge a hacerlo. También entendemos que la misión nos ayuda a crecer en el entendimiento del evangelio, tal como la iglesia de los primeros tiempos, en su misión a los gentiles, pudo entender el evangelio en maneras nuevas.

Artículo 11
El Bautismo

Creemos que el bautismo de los creyentes con agua es una señal de su limpieza del pecado. El bautismo es también un compromiso ante la iglesia, de su pacto con Dios, para caminar como Jesucristo mediante el poder del Espíritu Santo. Los creyentes son bautizados en el cuerpo de Cristo por el Espíritu, el agua, y la sangre.

El bautismo es un testimonio del don de Dios del Espíritu Santo y de la continua obra del Espíritu en la vida de los creyentes. A través del Espíritu nos arrepentimos y nos volvemos a Dios por la fe. El bautismo del Espíritu Santo capacita a los creyentes para caminar en la nueva vida, para vivir en comunidad con Cristo y con la iglesia, para ofrecer la sanidad de Cristo y su perdón a los que estén en necesidad, para testificar con arrojo acerca de las buenas nuevas de Cristo y para tener esperanza en que compartiremos el futuro glorioso de Cristo.

El bautismo en agua es una señal de que la persona se ha arrepentido, ha recibido perdón, ha renunciado al mal, y ha muerto al pecado[1] mediante la gracia de Dios en Jesucristo. Una vez limpios, los creyentes son incorporados a la iglesia, al cuerpo de Cristo en la tierra. El bautismo en agua es también un compromiso de servir a Cristo y de ministrar como un miembro de su cuerpo de acuerdo a los dones que cada uno ha recibido. El mismo Jesús pidió ser bautizado al principio de su ministerio y envió a sus seguidores a "hacer discípulos a todas las naciones, bautizándolos en nombre de Padre y del Hijo y del Espíritu Santo".[2] El bautismo se practica en obediencia al mandato de Jesús y como un compromiso público de identificarnos con Jesucristo, no solo en su bautismo por agua, sino también en su vida en el Espíritu y en su muerte en amor sufriente.

El bautismo de sangre, o bautismo de sufrimiento, es el ofrecer la vida, aun hasta la muerte. Jesús sabía que el dar su vida hasta derramar su sangre por otros era un bautismo.[3] El también habló a sus discípulos del sufrimiento y la muerte como un bautismo.[4] Aquellos que aceptan el agua baptismal se comprometen a seguir a Jesús, dando sus vidas por otros, amando a sus enemigos y renunciando a la violencia, aun cuando esto signifique su propio sufrimiento o su muerte.

El bautismo cristiano es para aquellos que confiesan sus pecados, se arrepienten, aceptan a Jesucristo como su Salvador y Señor, y se comprometen a seguir a Cristo en obediencia como miembros de su cuerpo, y a dar y recibir cuidado y consejo en la iglesia. El bautismo es para los que tienen edad de ser responsables y que voluntariamente piden el bautismo en base a su respuesta de fe en Jesucristo.[5]

(1) Ro. 6:1-4; He. 2:38-39. (2) Mt. 28:19. (3) Lc. 12:50; 1 Jn 5:7-8. (4) Mr. 10:38. (5) Mt. 28:19-20; Jn. 4:1; Hch. 2:38; Ga. 3:27.

Comentario

1. Algunas iglesias se refieren al bautismo y la Cena del Señor como símbolos, sacramentos u ordenanzas. En esta confesión de fe, estas ceremonias son llamadas *señales*, un término bíblico rico en significado. Una señal es ante todo un acto de Dios: señales y maravillas en Egipto (Ex.10:1;

Num.14:11), señales dadas a profetas (Is.7:14; 55:13), y las señales hechas por Jesús (Jn. 2:11; 12:37; 20:30). Jn. 2:18-22 describe la muerte y resurrección de Jesús como una señal. Una señal no es solo un acto de Dios, sino también un acto humano, tal como comer el pan sin levadura en la pascua (Ex.13:9), atar los mandamientos a uno mismo (Dt. 6:8), y guardar el sábado (Ex. 31:13; Ez. 20:20). De la misma manera el bautismo es una señal que representa tanto la acción liberadora de Dios de la muerte y el pecado, como la acción de quien es bautizado y le promete a Dios seguir a Cristo en el contexto de su cuerpo, la iglesia.

2. En I Juan 5:7-8 se identifican tres aspectos del bautismo: el Espíritu, el agua, y la sangre. Este pasaje se refiere, primero que todo al bautismo de Jesús. Pero también el Nuevo Testamento dice que los creyentes se deben identificar con Jesús.

El bautismo del Espíritu Santo: De acuerdo al Nuevo Testamento, el bautismo con agua y el bautismo con el Espíritu están muy relacionados, aunque no siempre en la misma manera. El Espíritu Santo descendió sobre Jesús el día de su bautismo (Jn. 1:33). Según los Hechos, los creyentes recibieron el Espíritu Santo antes del bautismo con agua, durante, o después del mismo.

El bautismo con agua: El bautismo tiene sus raíces en la práctica del Antiguo Testamento relacionada con un lavamiento ceremonial a través del cual se limpiaba la contaminación, ya fuere por enfermedad, pecado, u otra causa (Lv. 14; 1-9; 16:24-30; 17:15-16). Los gentiles también fueron iniciados para ser parte del pueblo del pacto mediante un bautismo de conversión. El agua bautismal cristiana significa entonces la limpieza del pecado de la persona y su incorporación a la nueva comunidad de fe. La iglesia puede bautizar por derramamiento, inmersión, o aspersión del agua (Ro. 6:3-4; Col. 2:12; Hch. 2:17; Ti.3:5-7). La Escritura también se refiere al bautismo como un compromiso con Dios (1 Pe. 3:21) y como una promesa de fidelidad y ministerio (Ro. 6:1-11). El bautismo de Jesús puede verse a la luz de este compromiso. En el Nuevo Testamento el bautismo viene después del acto de fe de una persona. El bautismo es por lo tanto para aquellos que están listos para entrar en una relación de fidelidad con Cristo y con la iglesia.

De manera que el bautismo debe ser hecho siempre por la iglesia y sus representantes, si es posible en frente de una congregación. Debe ser público porque el bautismo significa un compromiso de membresía y servicio en una congregación particular. Por lo tanto, el bautismo con agua debe reservarse para los que tienen edad suficiente para hacer tal compromiso. Los infantes y niños pequeños no necesitan el bautismo porque están cubiertos por la gracia de Dios. Cuando ellos puedan asumir responsabilidad por sus acciones, ellos también podrán decidir confesar la fe de la iglesia por sí mismos.

El bautismo de sangre: El bautismo con agua es también un compromiso de los creyentes que aceptan el sufrimiento, y de ser necesario, la muerte. El bautismo con agua nos identifica con Cristo en su cruz y su resurrección (Ro. 6:5-11). Estamos sepultados con él "para muerte por el bautismo, a fin de que como Cristo fue resucitado de los muertos para la gloria del Padre, nosotros podamos también andar en una vida nueva"(Ro. 6:3-4).

Artículo 12
La Cena del Señor

Creemos que la cena del Señor es una señal por la cual la iglesia recuerda con gratitud el nuevo pacto que Jesús estableció con su muerte. En esta cena de comunión, los miembros de la iglesia renovamos nuestro pacto con Dios y con cada uno entre nosotros. Participamos como un solo cuerpo en la vida de Jesucristo ofrecida para la redención de la humanidad. De esta manera proclamamos la muerte del Señor hasta que él venga.[1]

La cena del Señor señala hacia Jesucristo, cuyo cuerpo fue entregado por nosotros y cuya sangre derramada estableció el nuevo pacto.[2] Al compartir el pan y la copa, cada creyente recuerda la muerte de Jesús y el acto liberador de Dios al levantar a Jesús de entre los muertos. Al revivir este evento con una cena, damos gracias por todos los actos de liberación de nuestro Dios, en el pasado y en el presente, por el perdón de nuestros pecados, y por la inagotable gracia de Dios en nuestras vidas.

La cena vuelve a hacer presente entre nosotros la presencia de Cristo resucitado en la iglesia. Al tomar parte en la comunión del pan y de la copa, el cuerpo de creyentes congregado comparte el cuerpo y la sangre de Cristo[3] y reconoce una vez más que su vida se nutre en Cristo, el pan de vida.

Cuando recordamos como Jesús dio su vida por sus amigos, nosotros sus seguidores nos volvemos a comprometer con el camino de la cruz. Al confesar nuestros pecados los unos a los otros y recibir el perdón, nos acercamos a la mesa del Señor como un solo cuerpo.

Allí renovamos nuestro pacto bautismal con Dios y con los demás y reconocemos nuestra unidad con todos los creyentes de todos los tiempos.

Todos los que han sido bautizados en la comunidad de fe, que están viviendo en paz con Dios y con sus hermanos y hermanas en la fe, y que están dispuestos a dar cuenta de sí mismos a su congregación, están invitados a la mesa del Señor.

Al celebrar la Cena del Señor de esta manera, la iglesia mira hacia el futuro con gozo y esperanza, a la fiesta de los redimidos junto con Cristo, en la era por venir.[5]

(1) 1 Co. 11:26. (2) Jr:31:31-34; 1 Co. 11:24-25. (3) 1 Co.10:16. (4) Lc. 22:15-20, 28-30.

Comentario

1. La noche en que fue traicionado, Jesús y sus discípulos se reunieron para comer la cena de pascua. Esta celebración anual llamaba a recordar el gran acto de liberación de Dios sacando al pueblo de Israel de la esclavitud de Egipto (Ex.12). La última cena de Jesús con sus discípulos significaba que él les estaba guiando a un nuevo éxodo, de la esclavitud hacia la salvación. Mediante la muerte y resurrección de Jesús, Dios rescató a los creyentes del pecado y del mal y los trajo a un nuevo pacto. El nuevo pueblo de Dios creado a través de este pacto está en continuidad con el pueblo del antiguo pacto, el cual Dios rescató de la esclavitud de Egipto. El pueblo del nuevo pacto incluye a todos los que confiesan a Jesucristo como Señor y Salvador.

2. El pan en la cena del Señor es una señal del cuerpo de Cristo, y la copa en una señal del nuevo pacto en su sangre (Lc. 22:19-20). Cuando los cristianos comen el pan y beben la copa experimentan la presencia de Cristo en medio de ellos. La cena del Señor representa a Cristo y es al mismo tiempo el medio por el cual Cristo se hace de nuevo presente en el cuerpo de creyentes. En esta cena, la iglesia renueva su pacto con el cuerpo de Cristo en el mundo para vivir la vida de Cristo a favor de otros.

La cena de la comunión es por tanto una señal de la unidad de los creyentes, como iglesia (1 Co. 10:17). Tal como las ramas son parte de la vid, así los creyentes deben estar unidos mutuamente en Cristo. Los creyentes deben venir a participar de la mesa del Señor en una forma digna, sin divisiones entre ellos (1 Co.11:17-22, 27-34). Las iglesias deben encontrar maneras de promover la reconciliación y preparar a los miembros para la comunión. Este pacto mutuo entre los creyentes incluye el compromiso de amarse como hermanos y hermanas, de llamarse a cuentas unos a otros, de la confesión y el perdón de pecados, y de compartir los recursos materiales y espirituales según la necesidad. Tal amor y mutuo compartir se extiende alrededor del mundo a medida que la iglesia reconoce su unidad global.

Este compañerismo gozoso y a la vez solemne de la cena del Señor, es un anticipo del gozo más pleno que ha de venir cuando todos los creyentes festejarán con Cristo en el reino de Dios (Ap. 19:9; compare Is. 25:6-8).

3. Así como el bautismo, la cena del Señor es una señal que representa tanto la acción de Dios como la fidelidad del pacto, en liberarnos del pecado y de la muerte. También

representa la acción de aquellos que renuevan su compromiso de fidelidad al pacto con Dios. Siendo que la respuesta de la iglesia a la salvación de Dios a través de Jesús incluye gratitud, la cena del Señor ha sido llamada algunas veces "eucaristía", que significa "acción de gracias". Puesto que la cena del Señor representa un evento en el cual Jesús invitó a la comunidad de discípulos a compartir la copa y el pan en compañerismo con él y unos con otros en la misma mesa, algunas veces se le llama "comunión".

4. La práctica de la iglesia primitiva fue celebrar la cena del Señor frecuentemente, cada día del Señor o incluso diariamente (Hch. 2:46). Los anabautistas en el siglo 16 también compartieron la cena del Señor a menudo, como una señal de su pacto renovado con Dios, y los unos con los otros. Se anima a nuestras iglesias a celebrar la cena del Señor frecuentemente, de manera que puedan participar en el rico significado de este evento para la adoración y la vida de la iglesia.

Artículo 13
Lavamiento de Pies

Creemos que Jesucristo nos llamó a servirnos unos a otros en amor como él lo hizo con nosotros. En lugar de buscar dominar a otros, estamos llamados a seguir el ejemplo de nuestro Señor, quien escogió actuar como siervo al lavar los pies de sus discípulos.

Antes de su muerte, Jesús lavó los pies de sus discípulos y les dijo, "Pues si yo, el Señor y el Maestro, he lavado vuestros pies, vosotros también debéis lavaros los pies los unos a los otros. Porque ejemplo os he dado, para que como yo os he hecho, vosotros también hagáis".[1] En este acto, Jesús demostró humildad y servicio, aun al punto de dar su vida por ellos. Al lavar los pies de sus discípulos, Jesús dramatizó una parábola de su vida hasta la muerte por ellos, y también del camino que sus discípulos son llamados a vivir en el mundo.

Los creyentes que lavan los pies unos a otros demuestran que son parte del cuerpo de Cristo.[2] Así demuestran su constante necesidad de limpieza, renuevan su disposición de dejar el orgullo y el poder mundano, y ofrecen su vida en servicio humilde y amor sacrificial.[3]

(1) Jn. 13:14-15. (2) Jn. 13:8. (3) Mt.20:20-28; Mr. 9:30-37; Lc. 22:25-27.

Comentario

1. El lavado de pies era común durante el primer siglo en Palestina, donde la gente usaba sandalias y caminaba en calles polvorientas. Normalmente, la gente se lavaba sus

propios pies. Ocasionalmente un discípulo le lavaría los pies a su maestro como un acto de extraordinaria devoción (ver Juan 12:1-8). Nadie hubiera esperado que Jesús, el maestro, lavara los pies a sus discípulos.

2. Juan 13:1-30 relata el acto donde Jesús lava los pies a sus discípulos. El acto es seguido por un comentario (13:31-17:26), el cual explica lo que significó para Jesús amar a los suyos que estaban en el mundo hasta el final (13:1), incluso a aquellos que lo traicionarían y lo negarían. Su amor llegó hasta lo último, al dar su vida por ellos (15:13). El dejó a un lado los privilegios de poder, sabiendo que "el Padre le había dado tosas las cosas en sus manos" (13:3). El demostró que el verdadero poder resulta de la obediencia: "El se humilló a sí mismo y se hizo obediente hasta la muerte, y muerte de cruz. Por esto, Dios lo exaltó hasta lo sumo" (Fil. 2:8-9).

Quienes siguen a Jesús son llamados de igual forma a renunciar a los privilegios y el orgullo para poder amar a otros más plenamente, aun a los que son difíciles de amar. Es mediante esta vida de amor como ellos demuestran que han sido limpiados y que pertenecen a Cristo. (Jn. 13:8-10). Lavarse los pies unos a otros es una manera de expresar este compromiso de seguir a Jesús en el servicio poderoso y humilde.

3. Entre nuestras congregaciones, algunas aún practican el lavado de pies mientras que otras lo han ido descontinuando o nunca lo han practicado. Se anima a las congregaciones a que lo practiquen cuando se hace como un símbolo de servicio y amor de unos por otros. "Lavar los pies de los santos" (1 Ti. 5:10) es por tanto una manera

de representar mutuamente a Cristo, en actos de hospitalidad, servicio y amor.

Artículo 14
Disciplina en la Iglesia

Creemos que la práctica de la disciplina en la iglesia es una señal de la oferta de perdón y de gracia transformadora que Dios hace a los creyentes que se están alejando del discipulado fiel, o que han sido vencidos por el pecado. La disciplina tiene la intención de ayudar a liberar a los hermanos y hermanas que han caído en el pecado, para permitirles volver a una relación correcta con Dios y restaurarlos al compañerismo de la iglesia. También le da integridad al testimonio de la iglesia y contribuye a la credibilidad del mensaje del evangelio en el mundo.

De acuerdo a las enseñanzas de Jesucristo y de los apóstoles, todos los creyentes participan del cuidado mutuo y de la disciplina, según sea apropiado. Jesús le dio a la iglesia autoridad para discernir entre lo correcto y lo incorrecto y para perdonar pecados cuando hay muestra de arrepentimiento o para retenerlos cuando no lo hay.[1] Por lo tanto, cuando se hacen miembros de la iglesia, los creyentes se comprometen a dar y recibir consejo dentro de la comunidad de creyentes en asuntos importantes de doctrina y de conducta.

El animarse mutuamente, el cuidado pastoral y la disciplina deben normalmente guiar a la confesión, el perdón, y la reconciliación. La disciplina para corrección debe practicarse en la iglesia en una manera redentora. El principio básico comienza con "hablar la verdad en amor", o sea en conversación directa entre la persona que ha errado y el otro miembro.[2] Dependiendo de la respuesta de la persona, la amonestación puede llevarse a un círculo más amplio. Generalmente esto incluye a un pastor o un líder de la congregación. Si fuera necesario, el asunto podría ser finalmente traído a la congregación. Un hermano o hermana que se arrepiente debe ser perdonado o perdonada y debe estimularse a hacer el cambio necesario.

Si el miembro que comete el error persiste en pecar sin arrepentirse y rechaza la amonestación de la iglesia, su membresía puede ser suspendida. Una suspensión de membresía es el reconocimiento de que la persona se ha separado a sí misma del cuerpo de Cristo.[3] Cuando esto ocurre, la iglesia continúa orando por él o ella, y busca restaurarle a la hermandad.[4]

Reconocemos que la disciplina, correctamente entendida y practicada, sostiene la integridad del testimonio de la iglesia en palabras y en hechos. El permitir la persistencia de falsas enseñanzas y la mala conducta entre los cristianos hace daño a la proclamación y credibilidad del evangelio en el mundo.[5] Como una señal de perdón y de gracia transformadora, la disciplina ejemplifica el mensaje de perdón y nueva vida en Cristo por el poder del Espíritu Santo. La disciplina es una forma de fortalecer la buena enseñanza y de sustentar la conducta moral que ayuda a desarrollar fidelidad en el entendimiento y la práctica.

(1) Mt. 18:15-22; Jn. 20:21-23; Ga. 6:1-2; Dt.19:15. (2) Ef. 4:15; Mt.18:15. (3) 1 Co. 5:3-5. (4) 2 Co. 2:5-11. (5) Mt. 5:14-18; Ro. 2:21ff.

Comentario

1. Los anabautistas y los menonitas europeos del siglo dieciséis entendieron la disciplina como una parte vital del

cuidado pastoral y del bienestar de la iglesia. Ciertamente, ellos consideraron que la disciplina es tan importante para la renovación de la iglesia como el bautismo de los creyentes y la participación en la Cena del Señor.

Tradicionalmente los menonitas han enfatizado la disciplina en la iglesia. En algunos casos hay iglesias menonitas que han descuidado la práctica de la disciplina, en parte debido a los abusos, y en parte debido a influencias culturales y sociales.

Tanto el abuso como la falta de uso de la disciplina dañan la vida y el testimonio de la iglesia. Ambos, el abuso y el descuido, obran en contra de la importancia de corregir, y restaurar, y del propósito redentor de la disciplina en el cuidado pastoral, la nutrición espiritual y la vida congregacional.

2. En algunas tradiciones eclesiales, la responsabilidad por la disciplina de la iglesia ha sido limitada a ciertos oficiales, tales como el pastor o el obispo. Desde una perspectiva menonita, la disciplina está relacionada, ante todo, con el cuidado mutuo de los miembros. De acuerdo a la "regla de Cristo" (Mt. 18:15-18), todos los creyentes deben darse mutuamente ánimo, corrección y perdón. Por esta razón, es bueno incluir la promesa de dar y recibir consejo cuando las personas son recibidas como miembros en la iglesia.

Los pastores y otros líderes tienen una especial responsabilidad de orientar y de llevar a cabo la disciplina en la vida de la iglesia (Hch. 20:28-31; Ti. 1:5-11; 1 Pe. 5:1-4; He. 13:17). Ellos deben ejercitar su responsabilidad con amor, con imparcialidad y con gentileza de espíritu.

3. Los pastores y otros líderes de la iglesia que se alejen de la fidelidad al discipulado o que caigan en pecado, no están exentos de la disciplina en la iglesia. Debido al ministerio que ellos representan, su enseñanza y conducta pueden grandemente ayudar o dañar a miembros de la iglesia y al testimonio de la iglesia en el mundo. Por lo tanto ellos deben dar cuenta y ser responsables ante la congregación a la cual sirven y a la iglesia más allá de la congregación local.

Los pastores, maestros, y otros líderes de la iglesia podrían algunas veces ser víctimas de chismes y de acusaciones injustas. Los argumentos en su contra deben ser probados con cuidado (1 Ti. 5:19). No solo las faltas de los líderes ministeriales dañan la imagen de la vida de la iglesia y su testimonio; también las acusaciones infundadas le hacen daño a ellos y a la iglesia.

4. El Nuevo Testamento da varias razones para suspender o para excomulgar, tales como éstas: negar que Jesús vino en la carne, persistir en una conducta de pecado sin arrepentirse, y causar divisiones dentro de la iglesia al oponerse a la enseñanza de los apóstoles (por ejemplo, 1 Jn. 4:1-6; 1 Co. 5:1-13; Ro.16:17-18).

5. Para más discusión relacionada con la disciplina de la iglesia, ver también "Discipulado y vida cristiana" (artículo 17) y "Espiritualidad Cristiana" (artículo 18).

Artículo 15
Ministerio y Liderazgo

Creemos que el ministerio continúa la obra de Cristo, quien da los dones a través del Espíritu Santo a todos los creyentes y los capacita para el servicio en la iglesia y en el mundo. Además, creemos que Dios llama a algunas personas en particular en la iglesia para que ejerzan ministerios y cargos específicos de liderazgo. Todos los que ministran son responsables ante *Dios y ante* la comunidad de fe al servir en la iglesia.

Cristo invita a todos los cristianos a ministrarse unos a otros en la iglesia y a ministrar a nombre de la iglesia más allá de la misma.[1] Cristo los capacita para ministrar en respuesta a necesidades y oportunidades específicas.[2] Tal servicio es una participación en el trabajo creativo de Dios de edificar el cuerpo de Cristo en amor y testificar de la justicia de Dios en el mundo.[3]

La iglesia llama, entrena, y asigna hombres y mujeres dotados para una variedad de ministerios de liderazgo en su nombre. Esto puede incluir cargos tales como pastor, diácono, y anciano así como evangelistas, misioneros, maestros, ministros de conferencia, y sobreveedores.[4] El carácter y la reputación de los líderes debe ser irreprochable. Siguiendo el ejemplo de Cristo, las personas designadas predican y enseñan con autoridad, interpretan las Escrituras y la fe diligentemente, hablan la verdad divina con denuedo, equipan a los santos, se relacionan con compasión con los necesitados, y guían a la congregación a vivir fielmente, de manera que la iglesia sea "edificada espiritualmente para ser la morada de Dios".[5]

La confirmación del llamado a un ministerio particular es una señal de mutua responsabilidad entre la iglesia y la persona escogida como su representante. Un tiempo de discernimiento puede preceder la ordenación o a algún acto similar de asignación ministerial, acompañado de la imposición de las manos.[6] Este acto simboliza la responsabilidad de la persona como un siervo de la Palabra. La congregación y la iglesia extendida, o la conferencia, participan en este acto como una indicación de su bendición y apoyo a la vez de recordarle a la persona su responsabilidad ante Dios y la iglesia, y de la responsabilidad de la iglesia hacia la persona.

(1) Mt. 25:31-40; 1 Co. 12:31-13:13. (2) Ef. 4:7; Ro. 12:4-6; 1 Pe. 4:10-11. (3) Ef. 4:15-16; Lc.10:1-37. (4) Ef. 4:11-13; 1 Co. 12:28; Ro. 12:6-8; 1 Ti. 3:1-13; Tit.1:5-9. (5) Ro. 10:14-15; Mt. 7:29; Tit. 2:15; 1 Ti. 4:13; Jer. 1:4-10; 2 Ti. 4:1-3; Ef. 4:11-13; Fil. 2:1-4; Ef. 2:22. (6) 1 Ti.5:22; Ex.29; 35.

Comentario

1. Los anabautistas llamaron personas para realizar funciones especiales de liderazgo espiritual en la iglesia. El estudio de la Biblia, la necesidad de orden, y el reconocimiento de los dones les llevó a esta práctica. El propósito de estos líderes escogidos no fue eliminar la responsabilidad de los otros creyentes, sino de representar a Cristo ante la iglesia y a nombre de la iglesia ante el mundo. Los Anabautistas no usaron el concepto del "sacerdocio de todos los creyentes" para minimizar la necesidad de líderes con funciones especiales en la iglesia. Meno Simons mencionó "el sacerdocio de los creyentes" para animar a todos los creyentes, como "sacerdotes", a

vivir una vida santa para ser testigos de Dios, quien los llamó de las tinieblas a la luz (1 Pe. 2:9).

2. En el Nuevo Testamento, las primeras referencias al ministerio de liderazgo mencionan a los discípulos y apóstoles. En Efesios 4:11 se menciona ministerio quíntuple de los apóstoles, profetas, evangelistas, pastores, y maestros. En 1 Timoteo, 3, se mencionan a los obispos y diáconos. También notamos un modelo en trío que emerge en el Nuevo Testamento: obispos, ancianos, y diáconos. En la tradición de la Iglesia Menonita también se encuentra este modelo de liderazgo de tres personas. Además ha habido otras variantes, tales como enviar evangelistas y misioneros. La iglesia ha adaptado sus modelos de liderazgo de tiempo en tiempo y debería tener la libertad de continuar haciéndolo, incluyendo el reconocimiento de evangelistas, profetas y maestros.

3. El acto de ordenación (u otros actos similares como el dar una licencia ministerial y comisionar) simboliza una combinación del llamado de Dios, la afirmación de la congregación, la dedicación al ministerio por parte de quien lo recibe, y la bendición de la iglesia completa. La ordenación es precedida de un proceso de discernimiento en la congregación y así mismo en la iglesia extendida o la conferencia. Esto es un acto de una sola ocasión que se mantiene vigente mientras dura el servicio en y para la iglesia. La ordenación es normalmente transferible de una congregación o conferencia a otra. La licencia para asignaciones pastorales se otorga solo por un período definido de tiempo, mientras que el acto de comisionar se realiza normalmente para una asignación más específica.

Artículo 16
El Orden y la Unidad en la Iglesia

Creemos que la iglesia de Jesucristo es un cuerpo con muchos miembros, ordenada de tal manera que, mediante un solo Espíritu, los creyentes son edificados espiritualmente como morada de Dios.[1]

Como pueblo de Dios, la iglesia es un templo santo,[2] una casa espiritual,[3] fundada sobre los apóstoles y profetas, siendo Cristo Jesús la piedra angular.[4] El orden en la iglesia es necesario para mantener la unidad en asuntos de importancia, relativos a la fe y a la vida congregacional,[5] de manera que cada uno pueda servir y ser servido, y que el cuerpo de Cristo se edifique en amor.[6] El amor y la unidad en la iglesia dan testimonio al mundo del amor de Dios.[7]

En la toma de decisiones, sea para escoger líderes o para discutir asuntos, los miembros de la iglesia escuchan y hablan con una actitud abierta y de oración, con la Escritura como la guía constante. Las personas deben esperar no solo afirmación, sino también corrección. En un proceso de discernimiento, es mejor esperar pacientemente la palabra del Señor que dirija hacia un consenso, que el hacer decisiones a la ligera.

La iglesia es, en este sentido orgánico, una variedad de asambleas que se reúnen regularmente, incluyendo congregaciones locales y conferencias más grandes. Esta diversidad en unidad evoca la gratitud a Dios y el aprecio mutuo. De acuerdo al ejemplo de la iglesia apostólica, la congregación local busca el consejo de la iglesia mayor en asuntos importantes relacionados a la fe y la vida, y trabajan juntos en la misión que tienen en común.[1] Las decisiones que se hacen en asambleas numerosas y en conferencias son confirmadas por los grupos constituyentes, y los ministerios locales son animados y apoyados por los congregados en tales asambleas.

La autoridad y la responsabilidad son delegadas por acuerdo común y voluntario, de manera que las iglesias dan cuenta a Cristo así como unas a otras en todos los niveles de la vida de la iglesia.

(1) Ef. 2:21-22. (2) 1 Co. 3:16-17. (3) 1Pe.2:5. (4) Ef.2:20. (5) Sal. 133:1; 1 Co. 14:33; Ef. 4:3. (6) Ef. 4:7, 12-16. (7) Jn. 17:20-24. (8) Hch. 15:1-21. (9) Hch. 11:18.

Comentario

1. La Escritura no prescribe un solo modelo de organización, o de gobierno eclesiástico. Al mismo tiempo, algunas pautas pueden derivarse tanto del Antiguo como del Nuevo Testamento. El sacerdocio y el templo en la vida religiosa de Israel son un ejemplo de la importancia del orden eclesiástico y también de que hay una preocupación por un culto visible que exalte la justicia, la bondad y la humildad (Lv.8-10; 1 R. 6). El apóstol Pablo le pidió a la iglesia hacer todo decentemente y en orden para la edificación del cuerpo de Cristo (1 Co. 14:26-40). El Nuevo Testamento establece que la iglesia debe estar organizada en forma tal que anime a la participación de todos los miembros y use sus dones espirituales para la adoración, la toma de decisiones, la enseñanza y el aprendizaje, el cuidado mutuo, y para adelantar la misión de Dios en el mundo. El Espíritu de Cristo es quien dirige a la iglesia en la adaptación de su organización a las necesidades de su tiempo y su contexto.

2. El hacer decisiones por consenso es una manera de conseguir la unidad en la iglesia (vea Hch. 15;22). Consenso en este sentido significa que la iglesia ha buscado la unidad del Espíritu. La iglesia así escucha cuidadosamente todas las voces, mayoritarias y minoritarias. El consenso se alcanza cuando toda la iglesia está de acuerdo acerca de un asunto, o cuando aquellos que disienten indican que no desean obstaculizar la decisión mayoritaria del grupo. Consenso no necesariamente significa completa unanimidad.

3. La iglesia es la asamblea del pueblo de Dios. La congregación local que se reúne regularmente, es la iglesia. Los grupos grandes de conferencias que se reúnen menos seguido también son la iglesia (1 Ts. 1:1; Pe. 1:1). Ser miembro de la iglesia conlleva un compromiso con una congregación local así como con una familia más extensa de la iglesia, que puede tener más de una afiliación a distintos niveles de la conferencia. Más ampliamente, todos estamos unidos bajo el común señorío de Cristo en la iglesia universal, la cual incluye creyentes de todo lugar y época. Apreciamos esta familia amplia de creyentes y buscamos nutrir relaciones apropiadas con ellos.

La estructura de la Iglesia Menonita sostiene la centralidad de la iglesia como una comunidad de creyentes. Algunos han enfatizado a la congregación local como la unidad primaria de la iglesia. Otros han visto a la iglesia más amplia (la conferencia) como la unidad primaria. El primer caso representa una política congregacional donde la congregación determina hasta donde rinde cuentas a la conferencia, o la iglesia más extendida. El segundo caso es resultado de un modelo donde la conferencia tiene mayor autoridad sobre la congregación. Ninguno de los grupos menonitas está claramente definido en estos dos casos. La tendencia ha sido promover el modelo congregacional como la unidad primaria. Este énfasis estimula la iniciativa local, pero podría causar el alejamiento de la visión misionera más amplia y de la cooperación de la iglesia en general. La iglesia debe ser vista como un vestido de una sola pieza, sin costuras añadidas, que se extiende desde la unidad más pequeña ("donde dos o tres se congregan," Mt.18:20) hasta la iglesia en todo el mundo. El dar cuenta responsablemente se aplica a todos los niveles de la iglesia.

Artículo 17
Discipulado y Vida Cristiana

Creemos que Jesucristo nos llamó a tomar nuestra cruz y seguirle. Mediante el don de la gracia salvadora de Dios, somos capacitados para ser discípulos de Jesús, llenos con su Espíritu, siguiendo sus enseñanzas y su camino a través del sufrimiento hacia una vida nueva. Andamos en el camino de Cristo por fe, y así vamos siendo transformados a su imagen. Nos vamos conformando a Cristo, fieles a la voluntad de Dios, y separados de la maldad del mundo.

La experiencia de Dios mediante el Espíritu Santo, la oración, la Escritura, y la iglesia, nos capacita y enseña sobre como seguir a Cristo. De la misma forma, al seguir a Cristo en nuestras vidas, somos traídos a una relación más íntima con Dios, y Cristo habita en nosotros.[1] Mediante la gracia, Dios obra en nosotros para hacernos a la imagen de Cristo, siendo él mismo la imagen del Dios invisible. Donde sea que la fe cristiana esté activa en amor y en verdad, allí se expresa esta nueva creación. Por el nuevo nacimiento, somos adoptados en la familia de Dios, llegando a ser hijos e hijas de Dios.[2] Así es que nuestro compromiso con Cristo incluye tanto la salvación como el discipulado.

Conformarse a Cristo necesariamente implica no conformarse al mundo.[3] La verdadera fe en Cristo significa estar dispuesto a hacer la voluntad de Dios, en lugar de buscar la propia felicidad personal.[4] La verdadera fe es buscar primero el reino de Dios en una actitud de sencillez, en vez de buscar el materialismo.[5] Verdadera fe es actuar en paz y justicia, en lugar de hacerlo con violencia o acción militar.[6] La verdadera fe es dar lealtad primero al reino de Dios, antes que a una nación o estado, o grupo étnico que nos reclama lealtad.[7] La verdadera fe es dar honesta afirmación de la verdad, antes que confiar en juramentos para garantizar la verdad de lo que decimos.[8] La verdadera fe es castidad y lealtad amorosa a los votos matrimoniales, antes que la desviación en relaciones sexuales, contrarias a la intención de Dios.[9] La verdadera fe es tratar a nuestros cuerpos como templos de Dios, antes que permitir que nos controlen conductas adictivas. La verdadera fe significa participar en acciones de compasión y reconciliación, en santidad de vida, en lugar de dejar que el pecado nos gobierne.[10] Nuestra fidelidad a Cristo se vive en la vida de amor y testimonio de la comunidad de la iglesia, que debe ser un pueblo santo y separado para Dios.

En todas la áreas de la vida somos llamados a ser discípulos de Jesús. Jesús es nuestro ejemplo, especialmente en su sufrimiento a causa de la verdad sin responder con venganza,[11] en su amor por los enemigos, y en su perdón hacia quienes lo perseguían. Sin embargo, al seguir a Jesús no miramos solamente la cruz sino, a través de la cruz, el gozo de la resurrección. Ponemos nuestra esperanza en la vindicación de Dios para aquellos que toman el camino estrecho que lleva a la vida.[12] "Si morimos con él, también viviremos con él. *Si perseveramos, también reinaremos con* él."[13]

(1) Fil. 3:10. (2) Ro. 8:12-17. (3) Ro. 12:1-2. (4) Mt. 5:3; 6:25-33. (6) Zac. 4:6; Mt. 5:6,9,38-48. (7) Jos. 24: Sal. 47; Hch. 5:29. (8) Mt. 5:27-30. (10) Mi. 6:8; Ro. 6:12-14. (11)1 Pe. 2;21-23; Ro.12:9-21. (12) Mt. 7:13-14. (13) 2 Ti. 2:11-12.

Comentario

1. Los cristianos están llamados a separarse de la maldad del mundo. Nuestra no-conformidad no significa que no hagamos contacto con aquellos que están afuera de la iglesia. Más bien, al ser cambiados en nuestra forma de pensar, evitamos la conducta pecaminosa y participar de grupos en donde se promueva el pecado (Ro. 12:2; 1 Co. 5:9-10). Cuando no nos conformamos al mundo y sus maldades, otros quizás se apartarán de nosotros (Jn. 3:20). Somos capaces de no conformarnos al mal cuando nos conformamos a Cristo y dejamos que el Espíritu Santo nos transforme a su imagen.

2. El sufrimiento puede a veces ser parte del discipulado. Jesús dijo, "Si alguno quiere venir en pos de mí, niéguese a sí mismo, tome su cruz cada día, y sígame" (Lc. 9:23). Los primeros cristianos vieron la persecución por causa de la fe como el compartir el sufrimiento de Jesús quien fue su ejemplo de pagar bien por mal.(He 2:10; 1 Pe. 3:8-18; 4:12-19). Sin embargo, el sufrimiento no debe ser buscado por sí mismo. Jesús sanó a muchos que estaban sufriendo, y es correcto orar por la sanidad y por la liberación de los que sufren el mal (Mt. 6:13). Dios no tienta a nadie (Stg. 1:13) tampoco desea que nosotros suframos, aunque Dios puede usar el sufrimiento para enseñarnos y traernos a la salvación.

Jesús prometió bendiciones para los que sufren por causa de la justicia (Mt. 5:10-12; Lc. 9:23-26). El Nuevo Testamento entiende el discipulado como la participación en Cristo: en su ministerio, en sus sufrimientos y muerte, y en su resurrección (por ejemplo, 2 Co. 4:7-12). Aquellos que comparten su sufrimiento también compartirán su gloria.

Dándonos por completo al reino de Dios encontramos gozo (Mt. 13:44-46).

3. El discipulado se vive en el contexto de la comunidad cristiana. Estamos llamados a seguir a Jesús como individuos, y también la iglesia como comunidad está llamada a una vida de discipulado. En la congregación, el discipulado está estrechamente ligado a la disciplina y al cuidado mutuo. Los discípulos de Cristo aprenden juntos como seguir a Cristo más de cerca al amar y ser responsables unos a otros.

4. Los artículos que siguen cubren aspectos específicos del discipulado: "Espiritualidad cristiana"(Artículo 18). "Familia, soltería y matrimonio" (Artículo 19), "La verdad y el evitar juramentos" (Artículo 20), "Mayordomía cristiana: (Artículo 21), "Paz, justicia, y no resistencia" (Artículo 22), y "La relación de la iglesia con el gobierno y la sociedad" (Artículo 23). Ver también Artículo 8 "Salvación", para una consideración acerca de la fe y la fidelidad.

Artículo 18
Espiritualidad Cristiana

Creemos que ser un discípulo de Jesús es conocer la vida en el Espíritu. Al experimentar una relación con Dios, asumimos la vida, muerte, y resurrección de Jesucristo y así crecemos a la imagen de Cristo. Cuando adoramos como individuos o como comunidad, el Espíritu Santo se hace presente, guiándonos más profundamente en la sabiduría de Dios.

Al confesar a Cristo y recibir el bautismo, se nos da acceso a una nueva relación con Dios a través de Jesucristo. En el amor de Dios nuestra vida se libera, se transforma, se reordena y se renueva. Al llegar a amar y conocer a Dios experimentamos comunión con Dios y permitimos que más y más nuestra vida se conforme al camino de Jesús en su vida, muerte y resurrección. Al rendirnos a Dios, dejamos que el Espíritu Santo nos forme a la imagen de Cristo.1 Como individuos y como comunidad de iglesia cristiana, estamos llamados a vivir en relación con Dios, reflejando el modelo de Jesús, siendo llenos con el Espíritu Santo. Debemos crecer en todo sentido en Cristo, quien es la cabeza de la iglesia, y mediante quien la iglesia se edifica en amor.2

Tomamos vida del Espíritu de Jesucristo, tal como las ramas toman vida del tronco. Separados del tronco, el poder del Espíritu no puede llenarnos. Al morar nosotros en Cristo y El en nosotros llevamos fruto y nos convertimos en sus discípulos.3 Cuando estamos en la presencia del Espíritu, también nos mantenemos en el mover del Espíritu y mostramos el fruto del Espíritu en nuestras acciones.4 Así nuestra conducta exterior concuerda con nuestra vida interior.

Las disciplinas espirituales como la oración, estudio bíblico, reflexión sobre Dios, adoración comunitaria, cantar himnos, la práctica de la vida sencilla, testificar, y servir, son maneras de formarse en la vida de santidad.5 Tales disciplinas nos abren aun más a una relación creciente con Dios y nos dejan más completamente en las manos de Dios. Las disciplinas espirituales también nos preparan para tiempos de prueba y sufrimiento. Si practicamos la presencia de Dios en tiempos de calma, nos resulta más fácil reconocer la presencia de Dios en tiempos difíciles.

Estamos convencidos de que nada nos puede separar del amor de Dios en Cristo Jesús, nuestro Señor,6 porque Dios puede usar tanto el gozo como el sufrimiento para nutrir nuestro crecimiento espiritual.7 En el tiempo en que vivimos, Cristo en nosotros es nuestra esperanza de gloria.8 Miramos hacia adelante al tiempo por venir cuando nuestro conocimiento parcial de Dios será completo, y le veremos cara a cara.9

(1) 2 Co. 3:17-18; Fil. 3:21. (2) Ef. 4:15-16. (3) Jn. 15:5-8. (4) Sal. 1; Ga. 5:22-26 (5) 1 Ti. 4:7-8. (6) Ro. 8:35-39. Mt 5:1-12; Sal. 119:67 (8) Col. 1:27 (9) 1 Co. 13:12

Comentario

1. El termino *espiritualidad* es relativamente reciente y se ha usado para referirse a la vida en el Espíritu y la experiencia de Dios. Los anabautistas y los menonitas han usado una variedad de palabras para describir la espiritualidad, tales como piedad, humildad, Gelassenheit (renunciamiento), Frommigkeit (piedad), y *Nachfolge*

(seguimiento a Cristo). Estos conceptos tienen que ver con una apertura radical al conocimiento de Dios y a hacer la voluntad de Dios. Ellos no separan la espiritualidad de la ética ni la reflexión de la acción. Por esta razón, esta confesión de fe incluye la espiritualidad en la sección del discipulado. Jesús enseñó que los puros (o limpios) de corazón son los que verán a Dios. (Mt. 5:8).

2. Muchas tradiciones religiosas hablan de la espiritualidad o de la experiencia de lo divino. Algunas personas piensan que todas esas experiencias significan lo mismo. Pero al menos dos corrientes distintas se pueden identificar en la historia de la espiritualidad cristiana. Una es la corriente influida por la filosofía griega, en la cual, la meta es la *unión* con Dios, la absorción del individuo por Dios. El amor al prójimo y el seguir a Cristo son productos de esta unión con Dios.

La segunda corriente está más influenciada por el pensamiento bíblico. La meta de su acción y contemplación es la *comunión* con Dios, o la relación del pacto con Dios. Está más enfocada en Jesucristo, su vida, muerte y resurrección como el camino de los creyentes. Los anabautistas del siglo dieciseis no fueron los primeros en afirmar que el conocer a Cristo y el seguir a Cristo en la vida están entrelazados; muchos otros disidentes anteriores habían hecho también la conexión entre el conocimiento espiritual y la ética. Esta confesión de fe se identifica más fuertemente con la segunda corriente al afirmar que la espiritualidad cristiana está definida por Cristo y el camino de Cristo, de acuerdo a las Escrituras.

3. El Espíritu Santo está presente en el pueblo de Dios tanto individual como corporativamente. El Nuevo Testamento se refiere a ambos, —el cuerpo de creyentes congregados y al cristiano como individuo— cuando los llama templo o morada del Espíritu Santo (1 Co. 3:16-17; Ef. 2:21-22; 1 Co. 6:19). Tanto en la devoción personal como en la adoración en el cuerpo de creyentes, la acción individual y la comunitaria son ocasiones para el obrar del Espíritu dentro, entre, y a través de nosotros.

4. La lista de disciplinas espirituales mencionadas en este artículo no es completa. Se podrían incluir otras formas de disciplina espiritual, tales como ayunar, llevar un diario, y dar ofrendas. Practicar disciplinas espirituales en sí es bueno, y produce otros resultados favorables. El estudio de la Escritura nos lleva a conocer más a Dios. La adoración contribuye a nuestro crecimiento espiritual, así como el declarar nuestra alabanza y obediencia a Dios. El dar ofrendas de amor nos ayuda a buscar el reino de Dios y evita que nos volvamos muy apegados a las cosas materiales, a la vez que ayudamos al pobre o al necesitado.

Artículo 19
Familia, Soltería y Matrimonio

Creemos que la intención de Dios para la vida humana es que comience en la familia y sea bendecida en la relación familiar. Además, Dios desea que todas las personas sean parte de la iglesia, la cual es la familia de Dios. En la medida que las personas solteras y las casadas, miembros de la familia de la iglesia dan y reciben alimento espiritual y sanidad, las relaciones de las familia cristiana pueden crecer hacia la plenitud que Dios desea darle.

Reconocemos que Dios ha creado a los seres humanos para relacionarse. La intención de Dios es que la vida humana sea bendecida mediante las familias, especialmente a través de la familia de fe. Todos los cristianos deben tomar su lugar dentro de la casa del Señor, donde los miembros se tratan unos a otros como hermanos y hermanas.[1] Sostenemos que dentro de la iglesia como familia, se aprecia por igual ser soltero o estar casado.[2] Le damos honor al estado de soltería y animamos a la iglesia a respetar e incluir a personas solteras en la vida y actividades de la familia de la iglesia. Las familias de fe están llamadas a ser de bendición a todas las familias de la tierra.[3]

Creemos que la intención de Dios es que el matrimonio sea un pacto entre una mujer y un hombre para toda la vida.[4] El matrimonio cristiano es una relación mutua en Jesucristo,[5] un pacto hecho en el contexto de la iglesia. De acuerdo a la Escritura, la relación sexual correcta es la que se practica únicamente dentro del matrimonio.[6] El matrimonio está hecho para la intimidad sexual, el compañerismo, y para la procreación y el cuidado de los hijos.

Los niños tienen gran importancia. Jesús los vio como ejemplo de como se entra al reino de Dios.[7] Los niños deben ser amados, disciplinados, enseñados y respetados en el hogar, así como en la iglesia. Los hijos también deben honrar a sus padres y sus madres, obedeciéndoles en el Señor.[8] Los jóvenes deben respetar a sus mayores tanto en el hogar como en la iglesia.[9]

La iglesia está llamada a fortalecer la relación de las parejas en el matrimonio y estimular la reconciliación en tiempos de conflicto. La iglesia también debe ministrar con sinceridad y compasión a las personas que pasen por dificultades en su relación familiar. Como familia de Dios, la iglesia está llamada a ser un santuario que ofrezca esperanza y sanidad para las familias.

(1) Sal. 27: 10; Lc. 8: 19-21; Ef. 2:19. (2) 1 Co. 7:38 .(3) Gn. 12: 1-3; Hch. 3: 25. (4) Mr. 10:9; 1 Co.7-10-11. (5) Ef. 5:21. (6) Ex. 20:14; 1 Co. 6:12-20. (7) Mr. 10:13-16. (8). Ex. 20:12, Ef.6:1-4 . (9) Ti. 5:1-2.

Comentario

1. Aunque el término *familia* generalmente se refiere a una relación de sangre, matrimonio, o adopción, la Biblia también se refiere a la iglesia como familia. En el Nuevo Testamento en especial son muy comunes las referencias a los cristianos como hermanos y hermanas y como hijos de Dios. (Vea Ro.8:12-17; Ga. 4:5-7; Stg. 2:15).

2. Muchos en la iglesia permanecen solteros, o vuelven a ser solteros. Jesús animó a algunas personas a

permanecer solteras por causa del reino de Dios (Mt. 19:12; Lc 14:20). El apóstol Pablo consideró el matrimonio como una elección positiva; sin embargo, él prefirió una soltería voluntaria por causa del compromiso incondicional al Señor. (1 Co. 7:25-35).

3. La Escritura sitúa la intimidad sexual dentro del buen orden creado por Dios (Gn. 2-23-25). La unión sexual está reservada para el vínculo matrimonial (Ex. 20:14; Mr.10-11; Ro. 7:1-3). La unión sexual es para el placer y la intimidad, y para la procreación. A través de la procreación, la familia humana continúa de generación en generación. El llegar a ser uno en la relación de esposo y esposa es un misterio que refleja como Dios es también uno, así como son uno Cristo y su Iglesia. Afirmamos que los cristianos que se unen en matrimonio deben casarse en el Señor, con un cónyuge cristiano.

4. Algunas personas en la iglesia experimentan divorcio, abuso, conducta sexual ilícita, y otros problemas que hacen del matrimonio y la vida familiar una carga o incluso, algo imposible. Jesús afirmó la santidad del matrimonio (Mt. 5:32) y señaló la dureza de corazón como la causa última de divorcio (Mr. 10:4-9). Hoy día la iglesia necesita defender la permanencia del matrimonio y ayudar a las parejas en conflicto a buscar reconciliación. Al mismo tiempo la iglesia, como una comunidad de perdón y de reconciliación, debe ofrecer sanidad y la oportunidad de nuevos comienzos. La iglesia debe traer fortaleza y sanidad a los individuos y a las familias.

Artículo 20
La Verdad y el Evitar Juramentos

Nos comprometemos a decir la verdad, a dar un simple sí o no, y evitar hacer juramentos.[1]

Jesús les enseñó a los discípulos a no jurar, sino que su si sea si, y su no, no. Creemos que esta enseñanza se aplica a decir la verdad así como a evitar un lenguaje profano.[2] Un testimonio legal se hace usualmente con el juramento como garantía de que uno está diciendo la verdad. Esto implica que a menos que uno esté dando testimonio por juramento, uno podría no cuidarse de decir la verdad. Los seguidores de Jesús deben hablar siempre la verdad y, en asuntos legales, simplemente afirmar que sus declaraciones son verdad.

Jesús también nos advirtió acerca de usar juramentos para tratar de mover a Dios a garantizar el futuro. Es por fe que encomendamos nuestro futuro al Señor.[3]

A través de la historia, los gobiernos civiles le han pedido a los ciudadanos jurar promesas de lealtad. Como cristianos, nuestra primera lealtad es con Dios.[4] En el bautismo comprometemos nuestra lealtad a Cristo y su comunidad, un compromiso que toma prioridad sobre la obediencia a cualquier otra comunidad social o política.

(1) Mt. 5:33-37; Stg. 5:12 (2) Ef. 4:15-29 .(3) Mt. 5:34-36. (4) Hch. 5:29.

Comentario

1. En los idiomas bíblicos, el término *verdad* está relacionado a la fidelidad a los hechos (hablar la verdad)

así como fidelidad en las relaciones (ser veraz, honesto). El decir la verdad en amor en la comunidad cristiana muestra que estamos comprometidos a las relaciones correctas, así como al hablar con certeza.

2. Seguimos la tradición anabautista - menonita, la cual usualmente ha aplicado las palabras de Jesús en contra de los juramentos en estas maneras: en afirmar más bien que jurar en una corte judicial o en otros asuntos legales, en un compromiso incondicional a decir la verdad manteniendo firme la palabra de uno, evitando la membresía en sociedades secretas que requieren pacto de juramento, en el evitar promesas de obediencia que puedan estar en conflicto con nuestra más alta lealtad a Dios por medio de Cristo, y evitando todo juramento profano.

El consejo de Jesús de decir la verdad sin juramentos y ser honestos en nuestras relaciones se aplica a la vida de la familia, el manejo de negocios, la publicidad, y otros acuerdos que hacemos.

Artículo 21
La Mayordomía Cristiana

Creemos que todas las cosas le pertenecen a Dios, quien nos llama como iglesia a vivir como fieles administradores de todas las cosas que nos ha confiado.

Como siervos de Dios, nuestra primera vocación es ser mayordomos en la casa del Señor.[1] Dios, quien en Cristo nos ha dado nueva vida, también nos ha dado dones espirituales para usar en la edificación y misión de la iglesia.[2] El mensaje de reconciliación ha sido confiado a cada creyente para que el misterio del evangelio sea comunicado a todo el mundo por medio de la iglesia.[3]

Creemos que el tiempo también pertenece a Dios y que debemos usarlo con cuidado, con un sentido de mayordomía.[4] Sin embargo, desde los primeros días el pueblo de Dios ha sido llamado a observar tiempos especiales de descanso y de adoración. En el Antiguo Testamento el día séptimo era santo porque fue el día en que Dios reposó de su creación.[5] El sábado también fue santificado debido a la liberación del pueblo hebreo de la esclavitud.[6] En Cristo, todo el tiempo es santo, dedicado a Dios y para usarse para salvación, sanidad y justicia.[7] En la actualidad, la iglesia celebra un día de descanso santo, comúnmente el primer día de la semana, y es llamada a vivir de acuerdo a la justicia sabática todo el tiempo.

Reconocemos que Dios es creador y dueño de todas las cosas. En el Antiguo Testamento el año sabático y el año del jubileo fueron expresiones prácticas de la creencia de que la tierra pertenece a Dios y de que el pueblo de Israel pertenece a Dios.[8] Jesús, al principio de su ministerio anunció el año del favor del Señor , a menudo identificado con el jubileo. Es así que a través de Jesús, el pobre oyó las buenas nuevas, los cautivos recibieron libertad, los ciegos vieron y los oprimidos fueron liberados.[9] La primera iglesia en Jerusalén puso en práctica el jubileo al predicar el evangelio, sanar al enfermo y compartir las posesiones. Otras iglesias primitivas compartieron las finanzas con los que tenían necesidad.[10]

Como mayordomos de la tierra de Dios, estamos llamados a cuidarla, a traer reposo y renovación a la tierra y a todo lo que en ella vive.[11] Como mayordomos del dinero y las posesiones estamos llamados a vivir una vida sencilla, practicar la ayuda mutua dentro de la iglesia, defender la justicia económica y a dar generosamente y con alegría.[12] Como personas dependientes de la providencia de Dios, no debemos estar ansiosos por las necesidades de la vida, sino buscar primero el reino de Dios.[13] No podemos ser verdaderos siervos de Dios si dejamos que nuestra vida sea controlada por el deseo de cosas materiales.

Se nos ha llamado a ser mayordomos en la casa de Dios, apartados para el servicio a Dios. Podemos vivir en el presente el descanso y la justicia que Dios ha prometido.[14] La iglesia hace ésto mientras esperamos con anticipación la venida del nuestro Señor y la restauración de todas las cosas en el cielo nuevo y la tierra nueva.

(1) Lc. 12:35-48 ;1 Co. 4:1-2. (2) 1 Pe. 4: 10-11; Tit. 1:7;2:5. (3) 2 Co. 5:18-20; Ef. 3:1-10. (4) Sal. 31:15; Ef. 5:15-16; Col. 4:5. (5) Ex. 20;8-11. (6) Dt. 5:12-15. (7) Mr. 2:27-28. (8) Lv.

25:23,42,55. (9) Lc. 4:16-21. (10) Hch. 2:44-45; 4:32-37; 2 Co. 8:1-15. (11) Sal. 24:1; Gn.1:26-28. (12) Fil. 4:11-12; 2 Co. 8:1-15. Stg. 5:4; 2 Co. 9:7. (13) Mt. 6:24-33. (14) Mt. 11:28-29; Ap. 7:15-17.

Comentario

1. La palabra *mayordomía* en el Nuevo Testamento se usa primeramente en conexión con la mayordomía del evangelio. Pero en un sentido más amplio, la mayordomía está relacionada a la idea de Dios como cabeza de su casa, en la cual los cristianos son los sirvientes o administradores, o como hijos e hijas de Dios a quienes se les ha confiado tal responsabilidad. En el primer siglo las familias funcionaban como unidades económicas y a menudo incluían a personas que no estaban biológicamente relacionadas. Por lo tanto, el término mayordomía ha llegado a significar ambas cosas, tanto nuestra responsabilidad de compartir el evangelio como el manejo del tiempo, las cosas materiales y el dinero.

2. Nuestra tradición por la vida sencilla tiene su raíz no en la frugalidad por sí misma, sino en la dependencia de Dios, quien es el dueño de todas las cosas para cubrir nuestras necesidades materiales. Dependemos de la dádivas de Dios para la comida y el vestido, para nuestra salvación, y para la vida misma. No necesitamos vivir aferrados al dinero o las posesiones, sino que podemos compartir lo que Dios nos ha dado. La práctica de la ayuda mutua es una forma de compartir los dones de Dios, de manera que nadie en la familia de la fe tenga necesidad. Ya sea a través de la comunidad de bienes, o por otras formas de compartir económicamente, la ayuda mutua es una

continuación de la práctica de Israel, de cuidar en especial de las viudas, los huérfanos, los inmigrantes, y otros en necesidad económica (Dt. 24:17-22). Los diezmos y ofrendas de los primeros frutos también eran parte de este compartir económico (Dt. 26; comparar Mt. 23:23).

3. La justicia económica es una parte integral del ciclo sabático. El año sabático, al igual que el día sabático, traía descanso y liberación para la tierra y los trabajadores. Cada siete años multiplicados por siete, o año cincuenta, se celebraba el año del jubileo, el cual también traía justicia y misericordia al devolver tierras a las familias, perdonar deudas, y libertar a los esclavos de las labores (Lv.25). El efecto de las leyes del jubileo-sabático era el de dar igualdad económica cada cincuenta años. Jesús le enseñó a sus discípulos a orar, "perdona nuestras deudas, así como nosotros perdonamos a nuestros deudores" (Mt. 6:12). En la era por venir, los santos no tendrán necesidades económicas (Ap. 7:15-17). Debemos buscar primero el reino de Dios y dejar el consumismo, la competencia deshonesta, la productividad opresora, la avaricia, y la mentalidad de poseer más.

4. No solo se guardó el día sabático en los tiempos del Antiguo Testamento; hay evidencia de que también el año sabático y el año de jubileo fueron guardados. La ley de jubileo aparece en Levítico 25:27:16-25; y en Números 36:4. Otras referencias sabáticas y del año de jubileo aparecen en Deuteronomio 31:10, 2 Crónicas 36:21; Isaías 37:30; 61:1-2; Jeremías 34:8-22 y Ezequiel. 46:17. Josefo, el historiador judío del primer siglo, hizo referencia al tiempo en que los judíos en Palestina pasaron hambre debido al año del

jubileo, cuando la tierra se dejó sin cultivar. Fue entonces cuando el gobierno romano eximió a Judea de pagar tributo durante el año séptimo. La práctica de la iglesia en Jerusalén y la continuación del compartir las finanzas entre las congregaciones cristianas, es evidencia de que los aspectos económicos del jubileo continuaron siendo practicados aunque adaptados a los contextos urbanos.

5. La teología de la mayordomía nos hace conscientes no solo del cuidado de los seres humanos, sino también del cuidado del resto de la creación. Los animales y los campos se beneficiaron del sábado y del año sabático. El observar el sábado/jubileo nos llama a cuidar y preservar la tierra. Tenemos un compromiso con el uso correcto de la tierra y sus recursos como un estilo de vida en el presente, de acuerdo al modelo del cielo nuevo y la nueva tierra.

Artículo 22
Paz, Justicia y No-resistencia

Creemos que la paz es la voluntad de Dios. Dios creó el mundo en paz, y la paz de Dios se revela en plenitud a través de Jesucristo, quien es nuestra paz y la paz de todo el mundo. Dirigidos por el Espíritu Santo, seguimos el camino de paz de Cristo, haciendo justicia, trayendo reconciliación, y practicando no-resistencia aun en medio de la confrontación violenta y la guerra.

A pesar de que Dios creó un mundo pacífico, la humanidad escogió el camino de la injusticia y la violencia.[1] El espíritu de venganza aumentó, y la violencia se multiplicó; sin embargo, la visión original de paz y justicia no murió.[2] Los profetas y otros mensajeros de Dios continuaron señalando a Israel el camino de la confianza en Dios, en lugar de en las armas y la fuerza militar.[3]

La paz que Dios quiere traer para toda la humanidad y la creación se reveló más plenamente en Jesucristo. Una gozosa canción de paz anunció el nacimiento de Jesús.[4] Jesús enseñó a amar a los enemigos, perdonar las ofensas, y vivir en relaciones correctas.[5] Cuando le amenazaron, él escogió no resistir, y dio su vida por su propia voluntad.[6] Por su muerte y resurrección, él ha removido el dominio de la muerte y nos ha dado paz con Dios.[7] Así él nos ha reconciliado con Dios y nos ha confiado el ministerio de la reconciliación.[8]

Como seguidores de Jesús, participamos en su ministerio de paz y justicia. El nos ha llamado a ser bendecidos al hacer la paz y buscar la justicia.[9] Esto lo hacemos en un espíritu de mansedumbre, dispuestos a ser perseguidos por causa de la justicia. Como discípulos de Cristo, nosotros no nos preparamos para la guerra, ni participamos en la guerra o en el servicio militar. El mismo Espíritu que dió poder a Jesús, también nos da poder a nosotros para amar a nuestros enemigos, perdonar antes que buscar venganza, practicar relaciones correctas, confiar en la comunidad de fe para resolver las disputas, y resistir el mal sin violencia.[10]

Dirigidos por el Espíritu, y comenzando en la iglesia, le damos testimonio a toda la gente de que la violencia no es la voluntad de Dios. Testificamos contra toda forma de violencia, incluyendo guerras entre las naciones, hostilidad entre razas y clases sociales, abuso de niños y mujeres, violencia entre hombres y mujeres, el aborto y la pena de muerte.

Le damos nuestra lealtad mayor al Dios de gracia y de paz, quien guía a la iglesia diariamente para vencer al mal con el bien, quien nos da poder para hacer justicia, y quien nos sostiene en la gloriosa esperanza del reinado pacífico de Dios.[11]

(1) Gn. 1-11. (2) Is. 2:2-4. (3) Lv. 26:6; Is. 31:1; Os. 2:18. (4) Lc. 2:14. (5) Mt. 5:44; 6:14-15. (6) Mt. 26:52-53; 1Pe. 2:21-24. (7) 1 Co.15:54-55; Ro. 5:10-11; Ef. 2:11-18. (8) 2 Co. 5:18-21. (9) Mt. 5:3-12. (10) Mt. 5:39; 1 Co. 6:1-16; Ro.12:14-21. (11) Is. 11:1-9.

Comentario

1. El concepto bíblico de la paz involucra tanto la paz personal con Dios como la paz en las relaciones humanas, paz entre las naciones, y la paz con la creación de Dios. El Antiguo Testamento usa el término "Shalom" para

referirse a la paz, el cual incluye salud, reconciliación y bienestar. La paz en este sentido es más que la ausencia de guerra; incluye la restauración de la relación correcta.

La paz y la justicia deben ir juntas, siendo que una relación correcta implica a las dos. De acuerdo a las ideas griegas y romanas de justicia, la gente debe recibir lo que se merece. De acuerdo a la Biblia, la justicia envuelve sanidad y restauración de relaciones. Es por esta razón que en la Biblia se evidencia una preocupación especial por el pobre y el oprimido (Dt. 24:10-22; Mt. 20:1-16; Stg. 2:5).

No-resistencia significa "no resistirse". Nuestro ejemplo es Jesús, quien soportó acusaciones y abuso sin desquitarse. Aunque Jesús algunas veces sí confrontó a los que hacían mal (Mt. 23:1-36; Jn. 2:13-22), lo hizo en forma no violenta, lo cual nos enseña como vencer el mal con el bien. (Ro. 12:21; vea 1 Pe. 2:21-24).

2. La paz y la justicia no son enseñanzas opcionales, como un consejo que los cristianos pueden tomar o dejar. Pertenecen al corazón del mensaje del evangelio. A veces la posición Menonita de paz se ha basado solo en las enseñanzas de Jesús. El entendimiento bíblico de la paz también está basado en el sacrificio expiatorio de Cristo: la expiación es el fundamento de nuestra paz con Dios (Ro. 5:10) y de los unos con los otros (Ef. 2:13-16).

De igual manera, la justicia está basada no solamente en las enseñanzas de Jesús (Lc. 4:18-19), sino también en su muerte expiatoria. La muerte de Jesús en la cruz realizó la justicia. Su crucifixión trajo perdón y así restauró a los pecadores a la correcta relación con Dios. En la cruz Jesús clamó a Dios en favor de un mundo hundido en el pecado y en relaciones injustas. Este clamor fue magnificado por el derramamiento de su sangre, la cual crea una comunidad justa y perdonadora del nuevo pacto (He. 5:7-10).

3. En continuidad con anteriores confesiones de fe menonita, afirmamos que la no participación en la guerra involucra el ser objetores de conciencia al servicio militar y una respuesta de no resistencia a la violencia. Nuestro testimonio de paz incluye ser pacificadores y trabajar por la justicia. El testimonio de paz se necesita aun cuando la nación en que vivimos no esté en guerra. Los ministerios de mediación, conciliación y resolución no violenta de los conflictos diarios también pueden expresar nuestro compromiso con el camino de paz de Cristo.

4. No hay una explicación simple al por qué se practicó la guerra en el Antiguo Testamento. El Antiguo Testamento continuamente apunta hacia la paz (Ex.14:13-14; Jue. 7:2; Sal. 37; Is. 31; Os. 2:18). Tanto el Antiguo como el Nuevo Testamento proclaman la visión de la llegada de un reino de paz (Is. 9:1-7), predicado y revelado por Jesucristo (Hch. 10:36).

Artículo 23
La Relación de la Iglesia con el Gobierno y la Sociedad

Creemos que la iglesia es la "nación santa"[1] de Dios, llamada a dar total lealtad a Cristo como cabeza y a testificar a todas las naciones acerca del amor salvador de Dios.

La iglesia es el cuerpo espiritual, social, y político que da su lealtad a Dios solamente. Como ciudadanos del Reino de Dios,[2] confiamos en el poder del amor de Dios para nuestra defensa. La iglesia no conoce límites geográficos y no necesita violencia para su protección. La única nación cristiana es la iglesia de Jesucristo, compuesta de gente de toda tribu y nación,[3] llamada a testificar de la gloria de Dios.

En contraste a la iglesia, las autoridades gobernadoras del mundo han sido instituidas por Dios para mantener el orden en las sociedades. Tales gobiernos y otras instituciones humanas como sirvientes de Dios están llamados a actuar en justicia y proveer orden.[4] Pero como tales instituciones, las naciones tienden a demandar lealtad total, y entonces se vuelven idólatras y rebeldes a la voluntad de Dios.[5] Aun en el mejor de los casos, ningún gobierno puede actuar completamente de acuerdo a la justicia de Dios, porque ninguna nación, excepto la iglesia, confiesa el gobierno de Cristo como su fundamento.

Como cristianos debemos respetar a los que están en autoridad y orar por todos, incluyendo a los que están en posiciones de gobierno, para que ellos también sean salvos y vengan al conocimiento de la verdad.[6] Podemos participar en el gobierno y otras instituciones de la sociedad solamente en maneras que no violen el amor y la santidad enseñada por Cristo y que no comprometan nuestra lealtad a Cristo. Damos testimonio a las naciones siendo esa "ciudad asentada sobre un monte", la cual muestra el camino de Cristo. También testificamos siendo embajadores de Cristo [8], llamando a las naciones (y a todas las personas e instituciones) a moverse hacia la justicia, la paz, y la compasión para toda la gente. Al hacer esto buscamos el bienestar de la ciudad a la cual hemos sido enviados por Dios.[9]

Entendemos que Cristo, por su muerte y resurrección, ha ganado la victoria sobre los poderes, incluyendo todos los gobiernos.[10] Dado que confesamos que Jesús ha sido exaltado como Señor de señores, no reconocemos ninguna otra autoridad como la última autoridad.

(1)1 Pe. 2:9. (2) Fil. 3:20; Ef. 2:19. (3) Ap. 7:9. (4) Ro. 13:1-7. (5) Ez. 28; Dn. 7-8; Ap.13. (6)1 Ti. 2:1-4. (7) Mt. 5:13-16; Is. 49:6. (8) 2 Co. 5:20. (9) Jr. 29:7. (10) Col. 2:15.

Comentario

1. El lenguaje usado para la iglesia como "nación santa" puede sonar muy extraño. A veces hemos espiritualizado el lenguaje político del Nuevo Testamento, olvidándonos que *reino, Señor,* y aún más la palabra griega para *iglesia* (literalmente, "asamblea" o "reunión del pueblo"), son palabras políticas. Política se refiere aquí a cualquier estructura de grupos y de relaciones. Así que el comprender a la iglesia como una nación puede hacer mas clara su relación con las naciones del mundo.

Antes del siglo cuarto, para el tiempo del emperador

romano Constantino, la mayoría de los cristianos se consideraban a ellos mismos como la nación de Dios, compuesta de creyentes judíos y gentiles, viviendo entre las naciones, pero como extranjeros en ellas (1 Pe. 2:11-17; He. 11:13-16). Cuando el cristianismo se convirtió en la religión del estado, el emperador llegó a ser visto como el protector de la fe (aun con el uso de la violencia). La membresía en la iglesia dejó de ser voluntaria. Los esfuerzos misioneros fueron dirigidos sobre todo a la gente fuera del imperio. Aún hoy día, en lugares donde el cristianismo no es la religión del estado, el gobierno suele ser visto como defensor de la religión, y se espera que la iglesia apoye la política del gobierno.

Creemos que Cristo es Señor sobre toda la vida. La iglesia y el estado son estructuras separadas y a menudo compiten por nuestra lealtad. Entendemos que los gobiernos pueden preservar el orden y que debemos darle honor a la gente que está en el gobierno. Pero nuestro "temor" pertenece solo a Dios (1 Pe. 2:17). Cuando las demandas del gobierno entran en conflicto con las demandas de Cristo, los cristianos debemos obedecer a "Dios antes que a los hombres" (Hch. 5:29).

2. Dios tiene una voluntad para toda la gente: su salvación e incorporación al pueblo de Dios. Las naciones territoriales y sus gobiernos están limitadas en su habilidad para cumplir la voluntad de Dios porque se apoyan en la violencia, por lo menos como el último recurso y por su tendencia a ponerse en el lugar de Dios. Sin embargo, un gobierno que actúa con relativa justicia y provee orden es mejor que una total anarquía, o un gobierno injusto y opresivo. Los cristianos pueden a menudo testificar al

estado, pidiéndole actuar de acuerdo a los valores más altos y según las normas, que aunque inferiores a las que Dios espera de la iglesia, pueden traer al estado más cerca de hacer la voluntad de Dios. Los cristianos son responsables de testificar a los gobiernos no solo por su ciudadanía en su país particular, sino también para reflejar la compasión de Cristo para toda la gente y proclamar el señorío de Cristo sobre todas las instituciones humanas.

3. Al examinar la variedad de asuntos políticos y sociales de hoy, los cristianos como individuos necesitan de la iglesia para ayudarles a discernir cómo estar en el mundo sin pertenecer al mundo (Jn. 17:14-19). La iglesia hace preguntas tales como estas: ¿nos ayudará esta participación con el gobierno o las instituciones a ser embajadores de la reconciliación en Cristo?, ¿o más bien, esta participación violará nuestro compromiso y lealtad al camino de Cristo?. Nos hacemos estas preguntas cuando confrontamos situaciones de servicio militar, cargos políticos, empleo con el gobierno, votación, impuestos, participación en el sistema económico, uso de las cortes seculares, promesas de lealtad, uso de banderas, educación pública o privada, y el buscar influir en la legislación. Para una discusión relacionada, vea "Discipulado y la Vida Cristiana" (Artículo 17), "Paz, Justicia, y No resistencia" (Artículo 22), y (La Verdad y el Evitar Juramentos" (Artículo 20).

Artículo 24
El Reino de Dios

Ponemos nuestra esperanza en el reino de Dios y en su consumación en el día cuando Cristo, nuestro Señor que ascendió, vuelva en gloria para juzgar a los vivos y a los muertos. El reunirá a su iglesia, la cual vive bajo el reinado de Dios de acuerdo al modelo del futuro de Dios. Creemos en la victoria final de Dios, en el fin de la era presente de lucha entre el bien y el mal, en la resurrección de los muertos, y en la aparición de un cielo nuevo y una tierra nueva. En ellos, el pueblo de Dios reinará con Cristo en justicia, rectitud y en paz.

Creemos que Dios, quien creó el universo, lo continúa gobernando con sabiduría, paciencia, y justicia, aunque la creación pecaminosa no ha reconocido aún el gobierno de Dios. Israel fue fiel en proclamar a Dios como Rey y anticipar el cumplimiento pleno del reino de Dios.[1] Nosotros afirmamos que, en el ministerio de Jesús, en su muerte, y su resurrección, el tiempo del cumplimiento ha comenzado.[2] Jesús proclamó tanto la cercanía del reino de Dios como su futura realización, sanidad y juicio. En su vida y enseñanzas él demostró que el reino de Dios incluía al pobre, al destituido, al perseguido, los que son como niños, y los que tienen fe como un grano de mostaza.[3] En este reino, Dios ha designado a Jesucristo como Rey y Señor.[4]

Creemos que la iglesia está llamada a vivir desde ya de acuerdo al modelo del reino futuro de Dios. De esta manera, se nos da a probar por anticipado lo que un día Dios establecerá en plenitud. La iglesia debe ser una realidad espiritual, económica y social, demostrando ahora la justicia, la rectitud, el amor, y la paz de la era por venir.⁵ La iglesia lo hace en obediencia a su Señor y en anticipación de que el reino de este mundo llegará a ser el reino del Señor.⁶

Creemos que así como Dios levantó a Jesús de entre los muertos, también nosotros seremos resucitados. En la venida gloriosa de Cristo en el juicio final, los muertos saldrán de sus tumbas, y "los que han hecho lo bueno para resurrección de la vida, y los que han hecho lo malo para la resurrección de condenación".⁸ Los justos se levantarán para vida eterna con Dios, y los injustos para el infierno y la separación eterna de Dios. De esta manera, Dios traerá justicia a los perseguidos y confirmará la victoria sobre el pecado, el mal, y sobre la muerte misma.

Anticipamos la llegada de un cielo nuevo y una nueva tierra, y una nueva Jerusalén, donde el pueblo de Dios ya no tendrá hambre, ni sed, ni llanto,⁹ sino que cantará alabanzas; "¡Al que está sentado en el trono y al Cordero sean la bendición y honor y gloria y poder por los siglos! Amén!"¹⁰

(1) Ex. 15:8; Jue. 8:23; Zac. 14:9 (2) Mar.1:15. (3) Mt. 5:10; 8:10-12; 17:20; 21:31; Lc. 6:20. (4) Sal. 2:7; Mr. 1:11; Fil. 2:9. (5) Hch. 2:41-47 (6) Ap. 11:15; 15:3-4. (7) 1 Co. 15:12-58. (8) Jn. 5:28-29. (9) Ap. 21:1-4; 7:9-17. (10) Ap. 5:13-14

Comentario

1. La iglesia de hoy está llamada a vivir bajo el gobierno de Dios como testimonio del reino de Dios. Nuestra vida en comunidad en este momento debe seguir el modelo de lo que ha de ser nuestra vida en la era por venir. Esto significa

que el reino de Dios es pertinente a este mundo, y que las reglas éticas de Dios no deben ser pospuestas para un tiempo futuro. Sin embargo, es importante aclarar que la iglesia no es idéntica al reino de Dios. La iglesia tampoco debe tener la ilusión de que puede traer el reino en este tiempo, ya sea con un cambio repentino, o con una gradual mejora de las condiciones del mundo,

2. Para algunas personas, la idea del juicio final es problemática, porque les parece que enfatiza la ira de Dios sobre un Dios de amor y misericordia. El amor y la paciencia de Dios es tan grande que Dios no va a forzar a nadie a entrar en una relación de pacto, sino que le permitirá a los que rechazan esta relación el permanecer separados de Dios. La justicia de Dios sin embargo, no puede dejar sin castigo a los que no se han arrepentido de hacer el mal. Asimismo aquellos que sufren por causa de la justicia, pueden entonces mirar hacia la venida de Dios como el tiempo de su vindicación y rescate del mal (Sal. 37; Ap. 6:9-11). En la era por venir, habrá muchas sorpresas cuando los humildes sean exaltados y los poderosos sean humillados (Lc. 1:52-53; vea también Lc. 3:5).

Esta justicia para el pueblo de Dios involucra la resurrección de los muertos y la vida eterna para quienes creen en Jesucristo (Jn. 6:40; 11:25-26). Así como Dios resucitó a Jesús de entre los muertos, los que pertenecen a Cristo serán resucitados también (1 Co. 15:15-21). Ahora seguimos a Cristo en nuestros cuerpos mortales; mas anticipamos la vida en Cristo con cuerpos nuevos resucitados (1 Co.15:35-57).

Aunque el Nuevo Testamento dice mucho acerca de la resurrección, dice poco o no es muy claro acerca del estado de las personas entre el tiempo de su muerte y su resurrección. Sin embargo, aquellos que estamos en Cristo tenemos la seguridad de que ni la misma muerte nos puede separar del amor de Dios (Ro. 8:38-39).

3. Tanto en el presente como en la era por venir, la ciudad de Dios tiene un aspecto político y social; es un cuerpo corporativo, gobernado por Dios a través de Cristo el Señor. Pero, incluso en la era venidera, esta ciudad de Dios no es como una entidad espiritual sin cuerpo, sino que participa en el cielo nuevo, así como en la tierra nueva. Ver "La Relación de la Iglesia con el Gobierno y la Sociedad" (Artículo 23).

Jesús aconsejó a sus discípulos que no trataran de poner fechas para la era venidera (Mt. 24:36). También nosotros debemos tener cautela al tratar de identificar personajes, lugares, o acontecimientos del final de los tiempos, con gente en particular, lugares y sucesos del presente. En lugar de ésto, como pueblo de Dios debemos siempre vivir en rectitud, alabando a Dios, siguiendo a Cristo, guiados por el Espíritu, aguardando con esperanza la llegada de nuestro Señor y Salvador Jesucristo.

Resumen de Declaraciones
La Confesión de Fe en una Perspectiva Menonita

1. Creemos que **Dios** existe y se complace con todos los que se acercan a El por la fe. Adoramos al único Santo y amoroso Dios quien es el Padre, Hijo, y Espíritu Santo eternamente. Dios ha creado todas las cosas visibles e invisibles, ha traído salvación y nueva vida a la humanidad mediante Jesucristo, y continúa sustentando a la iglesia y todas las cosas hasta el final de los tiempos.

2. Creemos en **Jesucristo**, la Palabra de Dios hecha carne. El es el Salvador del mundo, quien nos ha liberado del dominio del pecado y nos ha reconciliado con Dios por su muerte en la cruz. El fue declarado Hijo de Dios por su resurrección de entre los muertos. El es la cabeza de la iglesia, el Señor exaltado, el Cordero que fue inmolado, que viene otra vez para reinar con Dios en gloria.

3. Creemos en el **Espíritu Santo,** el Espíritu eterno de Dios, quien habitó en Jesucristo , quien da poder a la iglesia, quien es la fuente de nuestra vida en Cristo, y es derramado sobre aquellos que creen como la garantía de su redención.

4. Creemos que toda la **Escritura** es inspirada por Dios a través del Espíritu Santo para instruirnos en la salvación y educarnos en la justicia. Aceptamos las Escrituras como la Palabra de Dios y como la norma confiable y fidedigna para la fe y la vida cristiana. Guiados por el Espíritu Santo

como iglesia, interpretamos la Escritura en armonía con Jesucristo.

5. Creemos que Dios ha **creado los cielos y la tierra** y todo lo que en ellos hay, y que Dios preserva y renueva lo que ha hecho. Toda la creación tiene su fuente de origen fuera de sí misma y pertenece al Creador. El mundo ha sido creado bueno porque Dios es bueno y provee todo lo que es necesario para la vida.

6. Creemos que Dios ha **creado a los seres humanos** a su imagen divina. Dios les formó del polvo de la tierra y les dio una dignidad especial entre todas las obras de su creación. Los seres humanos han sido creados para tener relación con Dios, para vivir en paz unos con otros, y para cuidar del resto de la creación.

7. Confesamos que, comenzando con Adán y Eva, la humanidad ha desobedecido a Dios, ha cedido al tentador, y ha escogido **pecar.** Todos han fallado al propósito del Creador, manchando la imagen de Dios con la que fueron creados, perturbando el orden de la creación en el mundo, y limitando su amor por otros. Por causa del pecado, la humanidad ha sido entregada a la esclavitud de los poderes del mal y de la muerte.

8. Creemos que, mediante Jesucristo, Dios ofrece **salvación** del pecado y una nueva vida. Recibimos la salvación de Dios cuando nos arrepentimos y aceptamos a Jesucristo como Salvador y Señor. En Cristo, somos reconciliados con Dios e integrados a una comunidad reconciliada. Ponemos nuestra fe en Dios para que, por medio del mismo poder

que resucitó a Cristo de la muerte, podamos ser salvos del pecado para seguir a Cristo y conocer la plenitud de la salvación.

9. Creemos que la **iglesia** es la asamblea de los que han aceptado la oferta de Dios de la salvación mediante la fe en Jesucristo. La iglesia es la nueva comunidad de discípulos enviada al mundo para proclamar el reino de Dios y proveer un anticipo de la gloriosa esperanza de la iglesia. Es la nueva sociedad establecida y sustentada por el Espíritu Santo.

10. Creemos que la **misión** de la iglesia es proclamar y ser una señal del reino de Dios. Cristo ha comisionado a la iglesia para hacer discípulos de todas las naciones, bautizándoles, y enseñándoles a que guarden todas las cosas que él les ha mandado.

11. Creemos que el **bautismo** de los creyentes con agua es una señal de su limpieza del pecado. El bautismo es también un compromiso ante la iglesia de su pacto con Dios, de andar en el camino de Jesucristo por el poder del Espíritu Santo. Los creyentes son bautizados en Cristo y su cuerpo por el Espíritu, el agua y la sangre.

12. Creemos que la **Cena del Señor** es una señal por la cual la iglesia recuerda con gratitud el nuevo pacto que Jesús estableció en su muerte. En esta cena de comunión, la iglesia renueva su pacto con Dios y con cada cual y participa en la vida y muerte de Jesucristo, hasta su regreso.

13. Creemos que al **lavar** los **pies** de sus discípulos, Jesús nos llama a servirnos unos a los otros en amor tal como él lo hizo. Es así que reconocemos nuestra constante necesidad de limpieza, renovamos nuestra disposición de dejar a un lado el orgullo y el poder mundano, y ofrecemos nuestras vidas en un servicio humilde y amor sacrificial.

14. Practicamos la **disciplina** en la iglesia como una señal de la gracia transformadora de Dios. La disciplina tiene el propósito de liberar del pecado a los hermanos y hermanas que han errado, y restaurarles a la relación correcta con Dios y al compañerismo de la iglesia. La práctica de la disciplina trae integridad al testimonio de la iglesia en el mundo.

15. Creemos que el **ministerio** es una continuación de la obra de Cristo, quien da dones a través del Espíritu Santo a todos los creyentes y los capacita para el servicio en la iglesia y en el mundo. Creemos también que Dios llama a ciertas personas en particular en la iglesia para cargos y ministerios específicos de liderazgo. Todos los que ministran son responsables ante Dios y ante la comunidad de fe.

16. Creemos que la iglesia de Jesucristo es **un cuerpo** con muchos miembros, organizada en tal manera que, a través de un Espíritu, los creyentes puedan edificarse juntos espiritualmente como una morada de Dios.

17. Creemos que Jesucristo nos ha llamado al **discipulado**, a tomar nuestra cruz y seguirle. A través del don de la gracia salvadora de Dios, somos capacitados para ser

discípulos de Jesús, somos llenos con su Espíritu, seguimos sus enseñanzas y su senda mediante el sufrimiento hacia la nueva vida. En la medida que somos fieles a su camino, nos conformamos a Cristo y nos separamos del mal en el mundo.

18. Creemos que ser un discípulo de Jesús es conocer **la vida en el Espíritu.** A medida que la vida, muerte y resurrección de Jesucristo se forma en nosotros, crecemos a la imagen de Cristo y en nuestra relación con Dios. El Espíritu Santo está activo en la adoración colectiva e individual, llevándonos a una experiencia más profunda con Dios.

19. Creemos que la intención de Dios para la vida humana es que comience en las familias y sea bendecida a través de las **familias**. Aún más, Dios desea que toda la gente sea parte de la iglesia, la cual es la familia de Dios. Los miembros casados y los solteros en la familia de la iglesia, reciben alimento espiritual y sanidad, y las familias pueden crecer hacia la plenitud que Dios tiene para ellas. Estamos llamados a la castidad y al amor fiel en el matrimonio.

20. Nos comprometemos a decir a **verdad**, a dar un simple sí o no, y a evitar los juramentos.

21. Creemos que todo le pertenece a Dios, quien llama a la iglesia a vivir en **mayordomía** fiel en todo lo que Dios nos ha confiado, y a participar ahora en el descanso y la justicia que Dios ha prometido.

22. Creemos que **la paz** es la voluntad de Dios. Dios creó el

mundo en paz, y la paz de Dios se revela más plenamente en Jesucristo, quien es nuestra paz y la paz de todo el mundo. Dirigidos por el Espíritu Santo, seguimos a Cristo en el camino de la paz, haciendo justicia, trayendo reconciliación, y practicando la no-resistencia, incluso frente a la violencia y la guerra.

23. Creemos que la iglesia es la nación santa de Dios, llamada a darle lealtad total a Cristo su cabeza y a testificar a toda **nación, gobierno y sociedad** acerca del amor salvador de Dios.

24. Ponemos nuestra esperanza en el **reino de Dios** y en su consumación el día en que Cristo vuelva en gloria para juzgar a los vivos y a los muertos. El reunirá a su iglesia, la cual ya está viviendo según el gobierno de Dios. Esperamos la victoria final de Dios, la terminación de esta era de conflicto, la resurrección de los muertos, y un cielo nuevo y una tierra nueva. Allí el pueblo de Dios reinará con Cristo en justicia, rectitud, y paz para siempre.

Lectura Unísona A

Creemos en Dios el Creador de todo,
quien ha llamado para sí a un pueblo de fe.
Creemos en Jesucristo, la Palabra hecha carne,
crucificado y resucitado por nosotros.
El es nuestro Salvador del mal y del pecado,
nuestra paz y el Señor exaltado de la iglesia.
Y creemos en el Espíritu Santo,
la fuente de redención y vida.

Quienes respondemos a Cristo en fe, somos su iglesia,
la comunidad llamada a proclamar
y a ser una señal del reino de Dios,
el nuevo pueblo sustentado por la Escritura y el Espíritu.
Así continuamos la misión de Cristo
haciendo discípulos, perdonando, restaurando,
bautizando creyentes, compartiendo la cena del Señor,
usando nuestros dones en unidad y amor.

Nos comprometemos a seguir a Jesucristo,
en su senda a través del sufrimiento hacia la vida.
Por gracia estamos siendo transformados a la imagen de
Dios,
en la cual Dios creó a hombres y mujeres.
Como discípulos fieles, escuchamos el llamado de Cristo
para vivir en el Espíritu en relación con Dios,
en castidad, mayordomía, amor por los enemigos,
para practicar la justicia y la paz.

Con gozo adoramos al Dios trino,
como nación santa, el pueblo de Dios,

dándole lealtad a Cristo como nuestro Señor,
viviendo desde ahora como en la era por venir.
Ponemos nuestra esperanza en el reinado eterno de Dios,
en la victoria sobre el mal, en la resurrección de los muertos,
en la segunda venida de Cristo para juicio y para gloria.
¡A Dios sea toda la gloria! ¡Amén!

Lectura Unísona B

Creemos en Dios,
Creador y Sustentador del universo,
quien en amor y en santidad ha llamado para sí a un pueblo de fe,
quien nos ha hablado a través de Jesucristo.
La Palabra de Dios hecha carne,
en quien la Escritura tiene su centro,
el que fue crucificado, resucitado,
y exaltado por nuestro bien,
nuestro Salvador del dominio del pecado y del mal,
nuestra paz y nuestra reconciliación,
nuestro Señor y cabeza de la iglesia,
a través de quien Dios nos envía el Espíritu Santo,
la fuente de nuestra vida y la garantía
 de nuestra redención.

Renovamos nuestro pacto con la iglesia de Cristo,
la nueva comunidad llamada a proclamar
 y a ser señal del reino de Dios,
la asamblea de quienes han respondido en fe
 a Jesucristo,
la sociedad establecida y sostenida por el Espíritu Santo,
para interpretar la Escritura, la norma confiable
 de fe y de vida,
para llevar adelante el ministerio de Jesús en palabra y acción,
para llamar al arrepentimiento y hacer discípulos
 entre todas las naciones,

para bautizar creyentes y compartir la cena del Señor,
para ofrecer el perdón de Dios y restauración
 a los que pecan,
para usar nuestros dones y habilidades para el servicio
 de Dios,
para vivir en amor mutuo, orden, y unidad,
de manera que la iglesia llegue a ser una humanidad,
 la luz del mundo.

Nos comprometemos a seguir a Jesucristo
en su senda de sufrimiento a la nueva vida,
confiando en el poder del Espíritu Santo
 y en el don de la gracia de Dios,
conformándonos a Cristo antes que al mal en el mundo,
siendo transformados a la imagen divina en la cual
 la humanidad fue creada.
Como la comunidad de discípulos de Cristo, fieles
 a su pacto, estamos llamados a la vida
en el Espíritu y la comunión con Dios
 mediante Jesucristo,
a la castidad y amor fiel a los votos matrimoniales,
a la correcta mayordomía de todo lo que Dios nos ha confiado,
al camino de la paz, amando a los enemigos
 y practicando justicia,
a la práctica de la compasión y la reconciliación
 en santidad de vida.

Somos el pueblo de Dios,
reunidos para adorar al Dios verdadero, quien es Dios trino.
Somos la nación santa de Dios,

dando nuestra lealtad a Jesucristo como Señor de señores,
viviendo ahora de acuerdo al modelo del futuro en Dios.
Ponemos nuestra esperanza en el Reino de Dios y su consumación,
en la resurrección de los muertos,
en la victoria final de Dios sobre el mal,
y en ese día cuando Cristo volverá en gloria y en juicio
a juntar a su iglesia para reinar con el
 en justicia y en paz.
¡A Dios sea la gloria en la iglesia en Cristo Jesús
por todas las generaciones por siempre! ¡Amén!

Índice de las Citas Bíblicas

Las referencias bíblicas usadas en el texto de la sección de los artículos y comentarios de la Confesión de Fe en una Perspectiva Menonita las encontrará en este índice.

Los textos bíblicos incluidos en la sección de los artículos son precedidos por una A y seguido por el número del artículo en el cual aparece, por ejemplo Éxodo 3:13-14 A-1.

Las referencias en la sección de los comentarios son precedidas por una C y seguida por el número del artículo en el cual aparece, por ejemplo Juan 10:30 C-1.

Antiguo Testamento

Génesis
1 C-5
1-11 A-22
1:1 A-5
1:2 C-3
1:26-27 A-6, C-6
1:26-28 A-21, C-6
1:26-30 A-6
1:31 A-5, A-6
2:15 C-6
2:15-17 C-6
2:17 A-7
2:18 C-6
2:18-23 A-6
2:23-25 C-19
3:1 C-7
3:14-19 C-7
3:16 C-6
3:17 C-7
3:22-24 A-7
4:3-16 C-7
4:15 C-5
6:11-12 A-7
6:11-13 C-7
8:21-22 C-5
9:8-17 A-5
11:1-9 C-7
12:1-3 A-19
12:2-3 A-1
19-20 C-6

Éxodo
3:13-14 A-1
6-16 C-5

7:6 C-9
10:1 C-11
12 C-12
13:9 C-11
14:13-14 C-22
15 C-8
15:8 A-24
19:6 C-9
20:1 A-4, C-4
20:1-6 A-1
20:1-17 A-8
20:4-6 A-1
20:8-11 A-21, C-6
20:12 A-19
20:14 A-19, C-19
29:29 C-2
29:35 A-15

31:13 C-11
34:5-7 A-1

Levítico
8-10 C-16
14:1-9 C-11
16:24-30 C-11
17:15-16 C-11
19:18 A-1
25 C-21
25:23 A-21
25:42 A-21
25:55 A-21
26:6 A-22
27:16-25 C-21

Números
14:11 C-11
36:4 C-21

Deuteronomio
5:12-15 A-21, C-6
6:4 A-1
6:8 C-11
6:20-25 A-8
10:19 A-9
19:15 A-14
24:10-22 C-22
24:17-22 C-21
26 C-21
31:10 C-21
33:7 C-6
33:26 C-6

Josué
24 A-17
24:16-18 C-7

Jueces
7:2 C-22
8:23 A-24

1 Samuel
10:10 C-2

2 Samuel
7:13-14 A-2
7:24 C-9

1 Reyes
6 C-16

2 Crónicas
36:21 C-21

Job
C-2
37 A-1

Salmos
C-2
1 A-18
1:2 A-4
2:7 A-24
8:5-8 A-6
14:2-4 A-7
19:1-6 A-5
24:1 A-21
25:4-10 A-1
27:10 A-19
31:15 A-21
33 A-5
33:20 C-6
34 C-5
37 C-22, C-24
47 A-17

54:4 C-6
74:12 A-8
104 A-5
104:23-24 C-7
104:30 A-3
115:9-11 C-6
119:67 A-18
124 C-5
133:1 A-16
136 C-5
148:5 C-5

Proverbios
C-2
30:5 A-4

Eclesiastés
C-2

Isaías
1:12-17 A-7
2:2-4 A-10, A-22
6 A-1
7:14 C-11
9:1-6 A-2
9:1-7 C-22
11:1-9 A-22
19:12-25 C-5
25:6-8 C-12
31 C-22
31:1 A-22
37:30 C-21
40:18-25 A-1
42:1-9 A-2
42:5-9 C-5
42:6 A-10
42:17 C-7
44:21-28 C-5

Indice de las Citas Bíblicas 123

45:11f. A-5
45:12-21 C-5
45:20 C-7
49:6 A-23
54:10 A-1
55:10-11 A-4
55:13 C-11
61:1 C-2
61:1-2 C-21
63:10 A-3

Jeremías
1:9-10 A-4, C-4
7:23 C-7
29:7 A-23
30:2 A-4

31:31-34 A-12, C-7
34:8-22 C-21
36 A-4
36:4 C-4

Ezequiel
18 C-7
20:20 C-11
28 A-23
36:26-27 A-3
46:17 C-21

Daniel
7-8 A-23
9 A-7

Oseas
2:18 A-2, C-22
2:18-23 C-7

Joel
C-6
2:28-29 A-3

Miqueas
3:8 A-3
6:8 A-17

Zacarías
3:1 C-7
4:6 A-17
14:9 A-24

Nuevo Testamento

Mateo
4:3 C-7
4:17 A-2
5-7 A-2, A-9
5:1-12 A-18
5:3 A-17
5:3-12 A-22
5:6 A-17
5:8 C-18
5:9 A-17
5:10-12 C-17
5:10 A-24
5:13-16 A-10, A-23
5:14-18 A-14
5:17 A-4
5:22 C-7
5:27-30 A-17
5:29 C-7
5:32 C-19

5:33-37 A-17, A-20
5:34-36 A-20
5:38-48 A-17
5:39 A-22
5:44 A-22
5:48 A-1
6:9-13 A-2
6:12 C-21
6:13 C-7, C-17
6:14-15 A-22
6:24-33 A-21
6:25-30 C-5
6:25-33 A-17, A-5
7:13-14 A-17
7:29 A-15
8:10-12 A-24
10:20 A-3
10:26-31 A-5
11:27 C-2

11:28-29 A-21
12:28 C-3
13:44-46 C-17
17:20 A-24
18:9 C-7
18:15 A-14
18:15-18 C-14
18:15-22 A-14
18:20 C-16
19:12 C-19
20:1-16 C-22
20:20-28 A-13
21:31 A-24
23:1-36 C-22
23:23 C-21
24:36 C-24
25:31-40 A-15
26:28 A-8, C-8
26:39 A-17

26:50 A-2
26:52-53 A-22
28:18-20 A-9
28:19-20 A-1, A-11, C-1
28:19-20 A-10, A-11, C-10

Marcos
1:11 A-24
1:15 A-10, A-24
2:1-12 A-8
2:27-28 A-21
3:1-5 C-6
3:13-19 A-2
3:33-35 A-9
6:13 A-10, A-4
8:34 C-8
9:30-37 A-13
10:4-9 C-19
10:9 A-19
10:11 C-19
10:13-16 A-19
10:38 A-11
10:45 A-8
14:36 A-2
16:15-18 C-10

Lucas
1:35 A-3
1:52-53 C-24
2:14 A-22
3:5 C-24
3:22 A-3, C-3
4:16-21 A-21
4:18-19 C-22
4:43f. A-2
4:43-5:1 C-4
5:17 C-3

6:20 A-24
6:35-36 C-8
7:50 C-10
8:19-21 A-19
8:48 C-10
9:23 C-17
9:23 -26 C-17
10:1-37 A-15
12:35-48 A-21
12:50 A-11
14:20 C-19
19:8-10 A-8
21:16-19 C-8
22:15-20 A-12
22:19-20 C-12
22:25-27 A-13
22:28-30 A-12
23:46 A-2
24:27 A-4
24:45-49 C-10

Juan
1-16 C-3
1:1-3 C-2
1:1 C-4
1:1f. C-5
1:3 A-5, C-5
1:14 A-1, A-4, C-4
1:18 A-1, A-4
1:33 C-11
2:11 C-11
2:13-22 C-22
2:18-22 C-11
3:5 A-3
3:16 A-8
3:17-21 C-3
3:20 C-17
4:1 A-11

5:7-8 C-11
5:17 C-5
5:28-29 A-24
6:40 C-24
7-8 C-2
8:44 C-7
10:30 C-1
10:35 A-4
11:25-26 C-24
12:1-8 C-13
12:37 C-11
13:1 C-13
13:1-30 C-13
13:3 C-13
13:8 A-13
13:8-10 C-13
13:14-15 A-13
13:31–17:26 C-13
14-18 C-5
14:18-20 C-1
14:26 C-2, A-3, C-3
15:5-8 A-18
15:13 C-13
15:25 C-4
16:8-10 A-3
16:12-15 C-1
16:13 A-3
16:33 C-8
17:14-19 C-23
17:20-24 A-16
18:36-37 A-2
20:21 A-9
20:21-22 A-10, C-1, C-10
20:21-23 A-14
20:30 C-11
20:31 A-4

Hechos
1:8 A-9, A-10
1:12-14 C-6
2:1-11 A-9
2:1-18 C-6
2:16-18 A-3
2:16-21 C-3
2:17 C-11
2:38 C-3, A-11
2:38-39 A-11
2:41-47 A-10, A-24
2:44-45 A-21
2:46 C-12
3:25 A-19
4 C-8
4:11 A-4
4:12 A-2, C-10
4:24-31 A-3
4:32-37 A-21
5:3 A-3
5:29 A-17, A-20, C-23
5:29-32 A-4
8:25 C-4
10-11 C-3
10 A-10
10:35 C-10
10:36 A-10, C-10, C-22
11:1-18 A-9
11:18 A-16
13:44-47 C-4
14:17 C-10
15 A-10
15:1-21 A-16
15:13-20 A-4
15:22 C-16
17:22-29 C-5
17:22-31 C-10
17:31 A-2
18:5 C-4
20:28-31 C-14

Romanos
1:3 A-2
1:4 A-2
1:5 A-8
1:19-20 C-10
1:19-23 A-5
1:21-23 A-6
1:21-32 A-7
2:5-11 A-1
2:14-16 C-10
2:21ff. A-14
3:9-18 A-7
3:21-26 A-1
3:22 A-1
3:24-25 A-8
4:1-12 C-8
4:11-25 A-1
4:17 C-5
5:1 C-8
5:1-5 A-8
5:5 C-3
5:6-10 A-8
5:10 C-22
5:10-11 A-22
5:12 C-7
5:14-21 A-2
5:18 A-2
5:19 C-7
6:1-4 A-11
6:1-11 C-11
6:3-4 C-11
6:4 A-8
6:5-11 C-11
6:12-14 A-17
6:12-18 A-7
6:16-18 C-6, C-7
6:23 A-7
7:1-3 C-19
8:2 A-8
8:11 C-3
8:12-17 A-17, C-19
8:14-17 A-3
8:15 A-2
8:19-25 A-6
8:21 C-7
8:26-27 A-3
8:29 A-6
8:34 A-2
8:35-39 A-18
8:38-39 A-6, C-24
10:14-15 A-15
10:15 C-8
11:33-36 A-1
12:1-2 A-17
12:2 A-8, C-17
12:4-6 A-15
12:6 C-3
12:6-8 A-15
12:9-21 A-17
12:13 A-9
12:14-21 A-22
12:21 C-22
13:1-7 A-23
13:14 C-7
16:17-18 C-14

1 Corintios
2:14 A-3
3:11 A-2, C-9
3:16-17 A-16, C-18
4:1-2 A-21

5:1-13 C-14
5:3-5 A-14
5:9-10 C-17
6:1-16 A-22
6:12-20 A-19
6:19 C-3, C-18
7:4 C-6
7:10-11 A-19
7:25-35 C-19
7:38 A-19
7:25-35 C-19
7:38 A-19
8:1-15 A-21
8:5-6 C-5
10:16 A-12
10:17 C-12
11:11-12 C-6
11:17-22 C-12
11:18-30 C-7
11:24-25 A-12
11:25 A-8
11:26 A-12
11:27-34 C-12
12-13 C-3
12:3 C-3
12:12-13 A:9
12:28 C-3, A-15
12:31-13:13 A-15
13:12 A-18
14:26 C-16
14:26-33 C-3
14:33 A-16
14:40 C-16
15:12-58 A-24
15:15-21 C-24
15:35-57 C-24
15:54-55 A-22

2 Corintios
2:5-11 A-14
3:17-18 A-18
3:18 A-8
4:4 A-6
4:7-12 C-17
5:5 A-3
5:14 A-10
5:18-20 A-21
5:18-21 A-22
5:19 A-2
5:20 A-23
6:18 A-2, C-6
8:13-14 A-21
9:7 A-21
11:3 C-7
13:13 A-1; C-1; C-3
13:14 A-1; C-1

Gálatas
1:11-12 A-4
2:20 A-1
3:23-4:7 C-8
3:25-28 C-6
3:26-28 A-9
3:27 A-11
3:28 C-6
4:1-3 A-7
4:4 A-8
4:5-7 C-19
4:6 A-2
4:6-7 C-3
4:9 C-7
5:16 C-7
5:22-23 C-3
5:22-26 A-18
5:24 C-7
6:1-2 A-14

Efesios
1:3-14 C-2
1:13-14 A-3
1:20-21 A-2
1:22-23 A-2
2:1-3 A-7, C-7
2:8-9 A-8
2:11-18 A-22
2:11-22 C-8
2:13-16 C-22
2:13-22 A-2
2:14-17 C-8
2:15-16 A-10
2:17 C-10
2:19 A-9, A-19, A-23
2:20 A-16
2:21-22 A-16, C-18
2:22, A-15, C-3
3:1-10 A-21
3:9-11 A-5
3:20-21 C-9
4:1-16 C-3
4:3 A-16
4:7 A-15, A-16
4:11 C-3, C-15
4:11-13 A-15
4:12-16 A-16
4:13 A-9
4:15 A-9, A-14; A-20
4:15-16 A-15, A-18
4:28 C-6
4:29 A-20
4:30 A-3
5:15-16 A-21
5:21 A-19

Índice de las Citas Bíblicas   127

5:21-33 A-6
5:21-6:9 C-6
6:1-4 A-19
6:5-9 C-6
6:10-12 A-7
6:12 C-7
6:15 C-10

Filipenses
2:1-4 A-15
2:5-8 A-2
2:8-9 C-13
2:9 A-24
2:11 A-2
3:3-7 C-7
3:10 A-17
3:20 A-23
3:21 A-18
4:11-12 A-21

Colosenses
1:15 A-6
1:15-17 A-2, C-5
1:15-20 C-2
1:16 C-2, C-5
1:19 A-2
1:24 A-2
1:25-27 C-4
1:27 A-18
2:6-23 A-4
2:12 C-11
2:13-14 A-8
2:15 A-2, C-7, A-23
4:5 A-21

1 Tesalonicenses
1:1 C-16
2:13 C-4

5:19 A-3

2 Tesalonicenses
3:6-13 C-6

1 Timoteo
1:4-10 A-15
2:1-4 A-23
3 C-15
3:1-13 A-15
4:4 A-5
4:7-8 A-18
4:13 A-4, A-15
5:1-2 A-19
5:10 C-13
5:19 C-14
5:22 A-15

2 Timoteo
2:11-12 A-17
3:15-17 A-4
3:16 A-4
3:16-17 C-4
4:1-3 A-15

Tito
1:5-9 A-15
1:5-11 C-14
1:7 A-21
2:5 A-21
2:15 A-15
3:5-7 C-11

Hebreos
1:1-2 A-8
1:1-4 A-1, A-4
1:2-3 C-5
2:10 C-17

2:14-15 A-8, C-8
2:17 A-2
4:1-12 C-4
4:2-8 A-4
4:2-12 A-4
4:9-11 C-6
4:15 A-2
5:7-10 C-22
7:25 A-2
9:14 C-3
10:25 C-9
11 C-8
11:8-12 C-1
11:11 C-1
11:13-16 C-23
13:2 A-9
13:17 C-14

Santiago
1:13 C-17
2:5 C-22
2:15 C-19
4:7 C-7
5:4 A-21
5:12 A-20
5:14-15 A-10

1 Pedro
1:1 C-16
2:1-10 C-8
2:5 A-16
2:9 C-9, C-15, A-23
2:10 C-9
2:11-17 C-23
2:17 C-23
2:19-24 C-8
2:21 A-2
2:21-23 A-17, A-2

2:21-24 A-22, C-22
2:24 C-8
3:8-18 C-17
3:9-11 A-1
3:18 A-2
3:21 C-11
4:10-11 A-15, A-21
4:12-19 C-17
5:1-4 C-14

2 Pedro
1:21 A-4

1 Juan
2:29-3:10 C-8
4:1-6 C-14
4:2-3 C-3
4:8 A-1
4:14 A-2
4:16 A-1
5:7–8 A-11

Apocalipsis
5:8-14 A-2
5:12-14 A-2
5:13-14 A-24
6:9-11 C-24
7:9 A-23
7:9-17 A-24
7:15-17 A-21, C-21
7:17 A-2
11:15 A-24
13 A-23
15:3-41 A-24
19:9 C-12
19:13 A-4
21:1-4 A-24

Acerca de los Menonitas
Para pedidos de esta Confesión de Fe en español contacte:

**Oficina de Liderazgo Ministerial
Executive Board**
www.MennoniteUSA.org
722 Main St., Box 347
Newton, KS 67114
Tel.: 316-283-5100
Toll-free:1-866-866-2872
Fax: 316-283-0454

Mennonite Church Canada
office@mennonitechurch.ca
http://www.mennonitechurch.ca
600 Shaftesbury Blvd.
Winnipeg, MB R3P 0M4
Telephone: 204-888-6781
Toll Free: 1-866-888-6785 (North America)
Fax: 204-831-5675

Mennonite Church USA Executive Board
info@mennoniteusa.org,
www.mennoniteusa.org
Toll-free 1-866-866-2872

Great Plains office
722 Main St., PO Box 347, Newton, KS 67114-0347
Tel: 316-283-5100
Fax: 316-283-0454.

Great Lakes office
500 S. Main St., PO Box 1245, Elkhart, IN 46515-1245
Tel: 574-294-7523
Fax: 574-293-1892

Recursos Menonitas

Si tiene interés en los recursos disponibles de la Iglesia Menonita en español contacte:

Faith & Life Resources
flr@mph.org
718 Main St.
PO Box 347
Newton, KS 67114-0347
Tel.: 316-283-5100
Fax: 316-283-0454

Faith & Life Order Line
(Canada and U.S.)
800-743-2484

Herald Press
hp@mph.org
616 Walnut Ave.
Scottdale, PA 15683-1999
Tel.: 724-887-8500
Fax: 724-887-3111

Orders
(Canada and U.S.)
800-245-7894

Herald Press Canada
hpcan@mph.org
490 Dutton Dr., Unit C8
Waterloo, ON N2L 6H7
Tel.: 519-747-5722
Fax: 519-747-5721

Provident Bookstores
Orders
(Canada and U.S.)
pbsorder@mph.org
Fax: 717-397-8299

Conferencia Menonita de Puerto Rico
convenpr@yahoo.com
PO Box 2016
Aibonito, PR 00705
Tel.: 787-735-8841
Fax: 787-735-1622

Instituto Bíblico Anabautista (IBA)
Oficina de Desarrollo de Liderazgo
Missional Church Resources
Mennonite Mission Network
IBA@MennoniteMission.net
722 Main St., Box 347
Newton, KS 67117
Tel.: 316-283-5100
Toll-free: 1-866-866-2872
Fax: 316 283-0454

Educación Hispana en Teología y Liderazgo
Goshen College
hetl@goshen.edu
1700 S. Main St.
Goshen, IN 46526
Tel.: 219-535-7468
Fax: 219-535-7319

Iglesia Menonita Hispana
marcoguete@sbcglobal.net
c/o 815 Parkside Drive
Cedar Hill, TX 75104
Tel/Fax: 972-293-1029